# Sufi-Geschichten

## von Mevlânâ Jelaleddin Rumi

Sag ich bin du
Korbflechten mit einer Hand

Liebe Freunde,

Wir leben mittendrin in diesem Umbruch, die Finanzwelt ist von ihren Höhenflügen zurück auf dem Boden, und wir müssen uns darauf einstellen, dass die Welt nicht mehr so sein wird, wie sie in unseren Bildern der letzten Jahre war. Ein Gefühl der Dringlichkeit hat sich eingestellt.

Ich erinnere mich noch, als ich die ersten Geschichten von Mevlânâ Jelaluddin Rumi in den Händen hatte, da brach ein Leid auf, kein persönliches, ein ‹kulturelles›: «Weshalb lebt er nicht in der heutigen Zeit, diese Sprache, diese Präzision, diese lebendigen Bilder der Seele und des täglichen Lebens?»

Ein paar Jahre sind seither vergangen, diese gleiche Frage sprang immer wieder hervor, beim Lesen jeder einzelnen Geschichte! Dieses Buch soll hier sein, heute, in dieser Zeit des neuen Umbruchs! Möge Rumis Sprache die Verantwortlichen für die Geschicke unserer Zeit ansprechen, also uns alle!

Wer immer auf der Suche ist nach echter, wahrhaftiger Sprache, eine vollständige Sprache, die das Innere und Äussere umfasst, wer immer den Segen eines sprachbegabten Stillen braucht - hier sind die Geschichten, auf Deutsch, so wie ich sie einfach auf Englisch gelesen, übersetzt und wieder aufgeschrieben habe. Ohne die Arbeit von Coleman Barks wäre dies nicht möglich geworden.

Kein anderer Anspruch als: Mögen sie euer Herz ansprechen!

Zürich, November 2008                    Puran Füchslin

# Sufi-Geschichten

## von Mevlânâ Jelaleddin Rumi

*Sag ich bin du*
*Korbflechten mit einer Hand*

Puran Füchslin

Füchslin Puran

Sufi-Geschichten von Mevlânâ Jelaleddin Rumi

Sag ich bin du
Korbflechten mit einer Hand

Zürich: Verlag Petama Project, Zürich, 2008

(Übersetzt aus Coleman Barks: «Say I am You», und «One handed Basket Weaving»,
mit der freundlichen Genehmigung von Coleman Barks)

| | |
|---|---|
| Veröffentlicht durch: | Petama Project, Puran Füchslin |
| | Kanzleistrasse 151, 8004 Zürich |
| | Email: puran@petama.ch |
| | www.petama.ch |
| Gestaltung und Layout: | Petama Project |
| Herstellung: | Books on Demand, Norderstedt |
| | www.bod.de |

2. Auflage by Petama Project
Copyright © 2008 Puran Füchslin

ISBN 978-3-907643-06-8

Bibliografische Information der Deutschen Nationalbibliothek:
Die Deutsche Nationalbibliothek verzeichnet diese Publikation in der Deutschen Nationalbibli-
ografie; detaillierte bibliografische Daten sind im Internet über http://dnb.d-nb.de abrufbar.

# Sag ich bin Du

# SAG ICH BIN DU

Ich bin Staubpartikel im Sonnenlicht,
ich bin die runde Sonnne.
Zu den Häufchen Staub sage ich: «Bleibt»,
zur Sonne: «Bewege dich weiter».

Ich bin Morgendunst
und das Atmen des Abends.
Ich bin der Wind in den Baumwipfeln
und Brandung an der Klippe.

Mast, Ruder, Steuermann und Kiel,
ich bin auch das Korallenriff, an dem sie zerschellen.
Ich bin ein Baum mit einem dressierten Papagei in seinen Ästen
Stille, Gedanken, und Stimme.

Die musikalische Luft, die durch die Flöte strömt,
die Funken von einem Stein, ein Glitzern im Metall.
Beides, Kerze und Motte wild im Kreis herum.
Rose und Nachtigall, verloren im Duft.

Ich bin alle Ordnungen von Wesen,
die kreisende Galaxie,
die evolutionäre Intelligenz,
Aufgehobensein und Wegfallen.

Was ist und was nicht ist. Du,
der du Jelaluddin kennst, Du,
der Eine in Allem, sag
wer ich bin. Sag ich bin Du.

# DER VERNÜNFTIGE VATER

Das Universum ist eine Form des göttlichen Gesetzes,
dein vernünftiger Vater.
Wenn du dich undankbar fühlst gegenüber ihm,
scheinen die Formen der Welt gemein und hässlich.
Schliesse Frieden mit diesem Vater, der eleganten Musterung,
und jede Erfahrung wird sich mit Unmittelbarkeit füllen.

Weil ich dies liebe, ist mir nie langweilig.
Schönheit wallt die ganze Zeit auf, ein Klang von
Quellwasser in meinem Ohr und meinem inneren Wesen.
Baumglieder heben sich und fallen wie die ekstatischen Arme
jener, die dem mystischen Leben hingegeben sind.

Rauschende Blätter sprechen miteinander wie Dichter
und schaffen frische Metaphern. Die Decke, die sich
grün anfühlt, rutscht weg und wir nehmen
einen Blitz des Spiegels wahr, der darunter liegt.

Stell dir vor, wie es sein wird,
wenn die ganze Decke weggezogen ist!
Ich erzähle nur einen Tausendstel von dem, was ich sehe,
weil es so viel Zweifel gibt überall.

Die übliche Meinung zu dieser Poesie ist, dass sie
grossen Optimismus zeige für die Zukunft.
Doch Vater Vernunft sagt,
**Es gibt keinen Grund, die Zukunft anzukündigen!**
Jetzt, hier ist sie. **Dies hier.** Deine tiefste Not und
Sehnsucht wird befriedigt in der Energie
**dieses Augenblicks,**
hier, in deiner Hand.

## LIEBESHUNDE

Eines Nachts rief ein Mann: **Allah! Allah!**
Seine Lippen wurden süss von den Lobliedern,
bis ein Zyniker sagte: «So! Ich habe dich rufen hören,
aber hast du je eine Antwort darauf erhalten?»

Der Mann hatte darauf keine Antwort.
Er hörte auf zu beten und fiel in einen verwirrten Schlaf.

Er träumte, er sähe Khidr,
den Führer der Seelen, in einem dichten, grünen Laubwerk:
«Warum hast du aufgehört mit den Lobliedern?»
«Weil ich nie eine Antwort darauf vernommen habe.»

«Diese Sehnsucht, die aus dir hervorbricht,
**ist** die Antwortbotschaft.

Die Trauer, aus der heraus du schreist,
zieht dich zur Vereinigung hin.

Deine reine Trauer, die Hilfe sucht,
ist der geheime Becher.

Höre auf das Heulen des Hundes nach seinem Meister.
Dieses Winseln ist die Verbindung.»

Es gibt Liebeshunde
deren Namen niemand kennt.

Gib dein Leben dafür,
einer von ihnen zu sein.

## MAJNUN MIT LAYLAS HUND

Majnun sah Laylas Hund und begann
ihn zu küssen und um ihn herum zu rennen
wie ein Pilger die Kaaba umkreist,
verneigte sich vor seinen Pfoten, hielt seinen Kopf,
kratzte seinen Bauch, gab ihm Süssigkeiten und Rosenwasser.

«Du Idiot», sagte jemand, der vorbeiging.
«Hunde lecken sich ihren Hintern ab und schnüffeln
am Kot auf der Strasse. Du bist **verrückt,**
mit diesem Hund so vertraut umzugehen!»

«Schau durch meine Augen,» sagte der Liebende.
«Sieh seine Treue, wie er das Haus meiner Freundin bewacht,
wie er sich freut, uns zu sehen.

Was immer wir fühlen, Gram, die simple Freude,
draussen an der Sonne zu sein,
er fühlt dies mit uns, ganz und gar.

Schau nicht zuviel auf oberflächliche Taten.
Entdecke den Löwen, die Rose seiner wirklichen Natur.
Freund, dieser Hund ist ein Gartentor ins Unsichtbare.»

Jeder, der damit beschäftigt ist, das Falsche aufzuzeigen,
verpasst das Unsichtbare. Schau sein Gesicht an!

## Eine Spur

Du, der dem Planeten neues Leben gibst,
Du, der Logik durchdringt, komm.
Ich bin nur ein Pfeil; spann Deinen Bogen
mit mir und lass ihn fliegen!

Wegen dieser Liebe zu Dir,
fiel meine Schale vom Dach.
Stelle eine Leiter an und sammle die Scherben zusammen, bitte!
Die Leute fragen: «Welches Dach ist denn das deine?»
Ich gebe zur Antwort: «Wo immer die Seele hergekommen ist,
und wo immer sie nachts hingeht,

in jener Richtung ist mein Dach! Woher immer
der Frühling kommt, die Erde zu heilen,
wo immer das Suchen erwacht in einem Menschen.»

Das Schauen selbst ist **eine Spur**
von dem, wonach wir suchen,

doch sind wir eher wie jener Mann,
der auf seinem Esel sass und den Esel fragte,
wohin sie gehen sollen!

Sei nun still und warte. Es könnte sein, dass das Ozeanwesen,
nach dem wir uns so sehnen, und das wir werden möchten,

uns noch etwas länger da am Land haben möchte,
um unsere Spaziergänge am Strand weiter zu gehen.

## NADEL UND FADEN

Was ist ein lebendiger Tod?

Wenn du das spirituelle Leben von jenem vergisst,
der dich lehrt, ist das Leben nichts anderes
als Weisheit, das aus dem Leid und den Schwierigkeiten wächst.

Je mehr du von diesem Wissen hast,
desto mehr Seele.

Wie stehen wir höher als die Tiere?

Genau durch das Bewusstsein
das sich in uns bildet in Zeiten der Prüfung.

Es gibt eine Hierarchie: Mensch über Tier,
Engel über Mensch, und wahre Menschen
die Scheichs, die Lehrer, sind über den Engeln.

Warum sonst erhielt der Engel den Befehl,
sich vor Adam zu verneigen?

Verneigt sich die Rose vor einem Dorn?
Lass deine Seele einem auf das Eine gerichtete,
vervollkommneten Menschen folgen,
wie der Faden der Nadel folgt.

## DEN SPIEGEL POLIEREN

Als Abu Bakr Mohammed traf, sagte er:
«Dies ist nicht ein Gesicht, das lügt.»
Abu Bakr war einer, dem
die Schale vom Dach gefallen war.

Man kann den Duft eines Ekstatikers nicht verbergen.
Ein polierter Spiegel kann nicht anders als spiegeln.
Mohammed sprach einmal zu einer Gruppe von Herrschern,
Prinzen von grossem Einfluss, da unterbrach ihn ein blinder Mann.

Mohammed runzelte die Stirn und sagte zum Mann:
«Lass mich, dass ich mich um meine Gäste kümmern kann.
Dies ist eine seltene Gelegenheit, und Du bist schon mein Freund.
Wir werden mehr als genug Zeit haben.»

Da sagte jemand in der Nähe: «Dieser blinde Mann da ist
vielleicht hundert Könige wert. Denk ans Sprichwort:
**«Menschen sind Goldminen.»**

Weltmacht bedeutet nichts. Nur auf das unaussprechliche,
juwelenbestückte Innere Leben kommt es an.
Mohammed antwortete: «Denk nicht, dass ich mich darum sorge,
von diesen Autoritäten anerkannt zu werden.»

Wenn sich der Käfer auf das Rosenwasser zu bewegt,
beweist dies, dass die Lösung verwässert ist.
Käfer lieben den Dung, nicht die Essenz von Rosen.

Wenn eine Münze gierig darauf ist, geprüft zu werden
von einem Prüfstein, ist die Münze
vielleicht selber der Prüfstein.

Ein Dieb liebt die Nacht.
Ich bin Tag. Ich enthülle Essenzen.

Ein Kalb denkt, Gott sei eine Kuh.
Die Theologie des Esels ändert sich,
wenn jemand Neuer ihn streichelt
und ihm gibt, was er will.

Ich bin keine Kuh, oder eine Distel,
die die Kamele abgrasen. Leute, die mich beleidigen,
polieren nur den Spiegel.


## Ein Stern ohne Namen

Wenn ein Säugling von der Amme weggebracht wird,
vergisst er sie schnell und beginnt, feste Nahrung zu essen.

Samen ernähren sich eine Zeitlang auf dem Boden,
dann erheben sie sich in die Sonne.

So solltest du gefiltertes Licht schmecken
und deinen Weg auf die Weisheit zu erarbeiten,
ohne persönliche Bedeckungen.

So bist du hierher gekommen, wie ein Stern
ohne Namen. Durchquere den Nachthimmel
mit jenen anonymen Lichtern.

## VERBRANNTER KEBAB

Letztes Jahr bewunderte ich Weine, heuer
wandere ich im Innern der roten Welt.

Letztes Jahr starrte ich ins Feuer.
Dieses Jahr bin ich verbrannter Kebab.

Durst trieb mich zum Wasser hinab,
wo ich vom Spiegelbild des Mondes trank.

Nun bin ich ein Löwe, der total verloren hinaufstarrt,
in Liebe mit dem Ding selber.

Stell keine Fragen über Sehnsucht.
Schau in mein Gesicht.

Seelen-Betrunkene, Körper-Versehrte, beide
sitzen hilflos in einem kaputten Wagen.
Keiner weiss, wie man ihn flicken kann.

Und mein Herz, ich würde sagen, es war eher
wie ein Esel, der in einem Schlammloch eingesunken ist,
der strampelt und immer tiefer verschlammt.

Doch hör mir zu: Hör auf, traurig zu sein
für einen Augenblick. Höre auf die Segen,
die ihre Blüten um dich herum verstreuen. Gott.

## Ein König, als Diener verkleidet.

Eine süsse Stimme ruft aus:
«Die Karawane aus Ägypten ist da!»
Hundert Kamele mit was für wunderbaren Schätzen!

Mitternacht, eine Kerze und jemand, der mich sanft
aufweckt: «Dein Freund ist gekommen.»

Ich springe aus meinem Körper, stelle eine Leiter ans Dach,
und klettere hinauf um zu sehen, ob es wahr ist.

Plötzlich ist da eine Welt in dieser Welt!
Ein Ozean im Wasserkrug drin!
Ein König, der bei mir sitzt, und
die Uniform eines Dieners trägt!
Ein Garten in der Brust eines Gärtners!

Ich sehe, wie Liebe ‹Gedanken› hat,
und dass die Gedanken kreisen
im Zwiegespräch mit Majestät.
Lass mich den Augenblick weiter öffnen,
wie ein toter Körper sich wieder belebt.

Shams-i-Tabriz hat Jenen ohne Ort gesehen
und aus Ihm machte er einen Ort.

## Lausche

Ein neues Jahr, ein neuer Frühling!
Der Duft der Liebe kommt an.

So tanzig, dieses neue Licht
auf der Erde, und in den Bäumen.

Jener, der uns heilt
lässt, was immer die Seele verletzt,

auflösen zu einer lauschenden
Intelligenz, wo das, was wir

zutiefst wollen,
Vereinigung mit der Ewigkeit,
aufwächst, um uns und in uns drin, jetzt!

# WENN EIN SCHEICH WEINT

Jemand fragte einen Mystiker: «Wenn Tränen kommen,
wenn ich bete, vertieft dies das Beten?»

«Es kommt darauf an, weshalb du weinst.
Wenn es eine Sehnsucht nach Gott ist,
der frischen Quelle, die in dir drin aufsteigt,
dann ist die Trauer wirklich.

Doch wenn es ist wegen eines Verlustes
den du empfindest, reisst der Faden,
und die Spindel fliegt weg.

Sogar die Liebe, die du für dein Kind empfindest,
sogar Gram über den Verlust,
wie er Abraham befohlen wurde
Isaak zu opfern,
bricht die Verbindung.»

Wenn ein Scheich weint,
ist es nicht wie anderes Weinen.

## Eine kleine grüne Insel

Es gibt eine kleine grüne Insel
auf der eine weisse Kuh alleine lebt,
eine Matte von einer Insel.

Die Kuh grast, bis die Sonne untergeht, voll und fett,
aber nachts gerät sie in Panik
und wird so dünn wie ein Haar. «Was soll ich
morgen essen? Es ist nichts übrig geblieben!»

Bis zum Morgen ist das Gras nachgewachsen, hüfthoch.
Die Kuh beginnt zu fressen, und wenn es dunkel wird,
ist die Matte wieder kurzgeschoren.

Sie ist voller Kraft und Energie, doch
im Dunkeln ist sie wieder in Panik, und
wird wieder abnormal dünn über Nacht.

Die Kuh tut dies immer und immer wieder,
und das ist alles, was sie tut.

Sie denkt nie: «Die Matte ist ja noch nie nicht nachgewachsen.
Weshalb soll ich da Angst haben, dass sie dies nicht mehr täte?»

Die Kuh ist die Seele im Körper drin.
Die Insel-Wiese ist die Welt,
die die Angst mager und den Segen fett macht
mager und fett.

Weisse Kuh, mach dich selber nicht erbärmlich
mit dem, was noch kommen oder nicht kommen wird.

# LIEBE SEELE

Wenn der Zustand kommt
den wir «Liebende» nennen,
gibt es keine Geduld und kein Bedauern mehr.

Beide werden zu riesigen Absurditäten.
Betrachte das Bedauern wie einen Wurm
und die Liebe wie einen Drachen.

Scham, veränderliches Wetter. Liebe,
eine Eigenschaft, die nichts verlangt.

Für diese Art Liebende ist Liebe
für etwas oder jemanden unwirklich.

Da ist Quelle und Ziel eins.

# SO IST EIN SCHEICH MIT EINER GEMEINSCHAFT

Hört, so ist ein Scheich mit einer Gemeinschaft;
wenn du im Inneren der Gegenwart eines Wahren Menschen
bist, ist es wie auf der Arche Noah zu sein.

Mohammed sagt: «Ich bin eine Arche in der Flut
der Zeit. Ihr seid diejenigen, die ich trage.»

Sogar wenn du schläfst, bist du immer noch an Bord!
Versuche nicht zu überleben ohne einen Lehrer.

Manchmal wird dein Scheich wütend sein, manchmal freundlich.
Jede Aufmerksamkeit ist die gleiche Aufmerksamkeit.

Manchmal macht er dich grün und still wie die Erde
im Frühling, manchmal aufbrausend und arrogant laut.

Manchmal gibt er dir dumpfe, lehmgleiche Eigenschaften,
so dass Rosen und Eglantinen wachsen können,
Blumen, die nur der Freund sieht.

Leere dich vom Unglauben.
Die Umwandlung, die kommen wird
ist nicht so, wie wenn ein Mensch den Mond besucht,
sondern eher, wie Zuckerrohr zu Zucker wird.
Eher weniger wie Wasser, das verdampft,

sondern eher wie wenn ein Embryo seinen ersten
bewussten Gedanken hat. Reite das Pferd von **fana**,
und lass es sich in Boraq verwandeln.

Halte deine Seele in Bewegung, auf den Freund zu.
Zum Gehen braucht es weder Hände noch Füsse

Steig nur auf das Schiff
und bleib auf ihm!

Soviel Segen aus dem Unsichtbaren
regnet auf den Scheich herab,
wie es hier über Husam regnet!

Wenn du gibst, wirst du Geschenke erhalten,
tausendfach. Anorganische Materie
verwandelt sich in visionäre Sprachkunst.

Wenn du grosszügig bist mit deiner Liebe,
hast du dich wirklich gern,
weil das, was zurückkommt, so wunderbar ist.

# Ernte

Wenn die Sonne in ihren Brunnen hinuntersteigt
gehen die Liebenden in die Zurückgezogenheit Gottes.

Spät nachts treffen wir uns wie Diebe,
die Gold gestohlen haben, unsere kerzenbeschienenen Gesichter.

Ein Bauer wurde König.
Wir sitzen heimlich im Inneren der Gegenwart
wie ein Türke im Zelt unter Hindus,

und doch reisen wir an hundert Wachtposten
vorbei, nachtreisend, versunken im Ozean der Sehnsucht.

Manchmal steigt ein Körper an die Oberfläche
wie Josef, der aus seinem Brunnen
des Verlorenseins kommt, um die Klarheit zu sein,

die den Weizen Ägyptens gerecht verteilt
und königliche Träume interpretiert.

Ein paar Leute sagen über die Menschen
**Staub zu Staub**, doch kann dies für jemanden stimmen,
der vom Strassenstaub zum Portal wird?

Die Ernte scheint alles eins zu sein
solange sie noch auf dem Feld ist.

Dann kommt eine Zeit der Umwandlung,
und wir sehen, wie sie ist:
halb Spreu, halb Weizen.

## DER MUTTERLEIB

Es gibt kein Gefängnis, das so dunkel und klein ist
wie der Leib deiner Mutter war,
und doch ging da ein Fenster auf,
durch das du in die Gegenwart sahst.

Du spürtest unendliche Freude.
Du wolltest bleiben.

Dies ist das Geheimnis von mystischem Vergnügen:
Der Weg geht nach innen. Die Gebäude
sind lediglich falsche Fronten.

Ein Mann rollt sich in Verzückung zusammen
in einem Aussenwinkel einer Moschee.

Ein anderer spaziert gelangweilt
durch seine eleganten Gärten.

## Hypothese und Mensch

Bevor Mohammed in physischer Form
erschien, gab es viele, die die Schriften
liebten, die seine Ankunft beschrieben.

Die Vorstellungskraft blühte. «Wir erwarten Diesen»,
sie beteten das hypothetische Wesen an.

Dann nahm er seine wirkliche Form an,
und die meisten von ihnen gingen wie der Wind.

Mohammed ist ein wahrer Spiegel. Niemandem
gefällt es, seine oder ihre Scheinheiligkeit zu sehen.

Versuche nicht, zu lange vor einer Oberfläche zu stehen,
die deine Fehler verbirgt.

## EINE SALBE, AUS LEHM GEMACHT

Ich war ein Dorn, der rannte,
um bei einer Rose zu sein.
Essig, der sich mit Honig vermischte,
ein Topf voller Gift, der sich
in heilende Salbe verwandelt,
blasse Traubenhülsen ins Weisswasser geworfen.

Ich war ein krankes Auge, das nach
dem Saum von Jesus griff,
rohes Fleisch, das in der Flamme kochte.

Dann fand ich etwas Staub,
um eine Salbe zu machen aus dem,
was meine Seele ehren würde.

Und als ich dies mischte,
fand ich die Poesie.

Die Liebe sagt: «Du hast recht,
aber beanspruche die Wandlungen nicht als deine.

Denk daran, ich bin der Wind.
Du bist ein Bernstein,
den ich entzünde.»

# Augen

Jener Geist-König mit der süssen Zunge, Hakim Sanai,
meinte jeweils, dass jedes Haar am Körper eines Mystikers
zu einem Auge werde. Er meinte nicht die gewöhnliche Sicht.
Es gibt ein paar Formen des Sehens, die nicht von diesem
Mechanismus abhängig sind.

Du hast im Mutterleib gesehen und kannst in einem Traum sehen,
ohne die Augenlider zu öffnen, doch da ist eine Verbindung.

Wie Vögel auf der Luft reiten. Wie Adam Erde bedeutet
und hervorkam, um ein Loblied auf den Boden zu singen.
Wie Moses mit der Krankheit Ägyptens wuchs,
um sie zu heilen. Wie ein zerbrechlicher Kürbis-Becher
süssen Wein aufnimmt.

So empfangen die Augen das Unsichtbare, und das Mischen
ihrer filmigen Substanz damit
ist das grosse Geheimnis der Liebe.

# DER INNERLICHE TANZ

Opfere deinen Geist
um mit dem Freund zu sein.

Du hast einen geistigen Führer,
in seiner Gegenwart bewegst du dich
mit frischer Intelligenz.

Es ist nicht wie ‹Denken›,
da ist keine Anstrengung dabei.

Auf deinem Feld spriessen subtile Reden,
Obstgärten geben Köstlichkeiten
mit wenig Protzen.

Bewege dich still, so wie der Freund sich bewegt.
Die einen lassen sich von niederen Bedürfnissen leiten,
wie ein Skorpion dies mit seinem Schwanz tut.

Krumm, nachtblind, hässlich und giftig,
freuen sie sich nur daran, den zu verletzen,
der den Innerlichen Tanz liebt.

# Eine Sehnsucht aus grünen Flügeln

Diese Welt mit zwei Gärten, und beide so wunderschön.
Diese Welt, eine Strasse, auf der ein Begräbnis vorbeizieht.
Lass uns zusammen aufsteigen und «diese Welt» verlassen,
wie das Wasser sich gegenüber dem Ozean verneigt.

Von den Gärten zum Gärtner, vom Trauern zum
Hochzeitsfest. Wir beben wie die Blätter, wenn es ums
Loslassen geht. Es gibt kein ‹dem Schmerz ausweichen›,
oder sich im Exil fühlen, oder den Geschmack von Staub.

Doch haben wir auch eine Sehnsucht aus grünen Flügeln
für die Süsse des Freundes.

Diese Formen sind Beweis dafür, was man
nicht zeigen kann. So kann man eintreten:
Der Regen, der ins Haus hineintropft,
entscheidet sich dafür, die Dachrinne zu benutzen.

Das gespannte Bogenseil, das sich an unserer Kehle spannt,
löst sich und wird zum Pfeil!
Mäuse, die vor der Hauskatze ängstlich quietschen,
werden plötzlich zu halbwüchsigen Löwenkindern,
die sich vor nichts fürchten.

So lass uns die Heimreise antreten, mit Liebe und Mitgefühl
für Führer, und Gnade, die uns beschützt. Lass deine Seele
sich in einen leeren Spiegel verwandeln, der leidenschaftlich
Joseph widerspiegeln will. Übergib ihm dein Geschenk.

Nun lass die Stille sprechen, und wenn dieses Geschenk beginnt,
gehen wir los.

## DAS LIED VON DER ROHRFLÖTE

Hört der Geschichte der Rohrflöte zu,
sie erzählt von ihrem Getrenntsein.
«Seit ich vom Schilfbett geschnitten wurde,
singe ich diesen seufzenden Ton.

Jeder, der von dem getrennt ist, wen er liebt,
versteht, wovon ich spreche.
Jeder, der von der Quelle weggezogen wurde,
sehnt sich danach, zurückzukehren.

Bei jeder Zusammenkunft bin ich da
und verbinde mich mit dem Lachen und dem Trauern,
jedem ein Freund, doch wenige Leute verstehen
die Geheimnisse, die in den Noten verborgen sind.

Keine Ohren dafür, Körper, der aus dem Geist fliesst,
Geist aus dem Körper; nichts verbirgt das Verbinden.
Doch es ist uns nicht gegeben, die Seele zu sehen.
Die Rohrflöte ist Feuer, nicht Wind. Sei so leer.»

Höre das Liebesfeuer, das die Flötentöne
umgarnt, wie Verwirrung
in Wein verschmilzt. Die Rohrflöte ist
ein Freund all jener, die den Stoff zerreissen

und fortziehen wollen. Die Rohrflöte ist Schmerz
und Salbe zusammengenommen. Intimität
und die Sehnsucht nach Intimität, ein Lied.
Eine katastrophale Kapitulation

und eine feine Liebe, zusammen.
Jener, der dies im Geheimen hört,
ist sinnlos. Eine Zunge hat
einen Kunden, das Ohr.

Wenn eine Zuckerrohrflöte keine Wirkung hätte,
hätte sie auch keinen Zucker hervorbringen können
im Schilfbett. Was immer sie für einen Ton
hervorbringt, er ist für alle.

Tage voller Wünsche, lass sie vorbeigehen,
ohne dich zu sorgen, dass sie vorbeigehen.
Bleib wo du bist, im Inneren
einer solch reinen, hohlen Note.

Jeder Durst wird befriedigt, ausser jenem
dieser Fische, den Mystikern,
die in einem Ozean von Gnade schwimmen
und doch irgendwie immer noch eine Sehnsucht danach haben!

Keiner lebt darin, ohne
dass er jeden Tag Nahrung erhält.

Doch wenn jemand
das Lied der Rohrflöte nicht hören will,
ist es am Besten, die Rede abzubrechen,
Adieu zu sagen und zu gehen.

## VERLASSE DIE KINDHEIT

Warum fliegt die Seele nicht, wenn sie den Ruf hört?
Ein Fisch am Strand schwimmt
immer auf den Klang der Welle zu.
Ein Falke hört die Trommel und bringt die Beute heim.

Warum tanzt nicht jeder Derwisch in der Sonne?
Du bist dem Käfig entflohen.
Deine Flügel sind ausgebreitet. Jetzt, flieg!

Du warst so lange in Unterständen und Vorhöfen
dass du meinst, du lebest dort!
Wie viele Jahre müssen wir, wie Kinder,
Stöcke und zerbrochene Keramikstücke sammeln
und dergleichen tun, sie seien viel wert?

Verlassen wir die Kindheit und gehen wir
zum Bankett der freien Menschen!
Brich die kulturelle Giessform auf.
Steck deinen Kopf aus dem Sack.
Halte das Buch mit deiner rechten Hand in die Luft.
Bist du alt genug, um deine Rechte von deiner Linken
zu unterscheiden?

Gott sagt zur Klarheit: **Geh,**
und zum Tod: **Hilf ihnen mit Disziplin.**
Zur Seele: **Beweg dich ins Unsichtbare.**
**Nimm was dort ist und**
**sing das Lied vom Schmerz nicht mehr.**

Ruf aus, dass du jetzt der König bist.
Du hast beides erhalten, die Antwort
und das Verständnis für die Frage.

## Reden in der Nacht

Mitten in der Nacht rief ich aus:
«Wer lebt in dieser Liebe, die ich habe?»
Du sagtest: «Ich, doch ich bin nicht allein da.
Weshalb sind die anderen Bilder mit mir da?»

Ich sagte: «Dies sind Abbilder von dir,
wie die wunderschönen Einwohner von Chigil
in Turkestan einander gleichen.»

Du sagtest: «Doch wer ist das andere **lebendige** Wesen?»
«Dies ist meine verwundete Seele.»
Dann brachte ich dir die Seele als Gefangene.
«Die ist gefährlich», sagte ich. «Lass sie nicht einfach frei.»

Du winktest und gabst mir ein Ende des zarten Fadens.
«Ziehe ihn stramm, doch zerreisse ihn nicht.» Ich streckte
meine Hand aus, um dich zu berühren.
Du schlugst sie herunter.

«Warum bist du so roh zu mir?»
«Aus gutem Grund. Doch sicher nicht, um dich fern
zu halte! Wer immer an den Ort kommt und sagt:
**«Da bin ich»**, der muss einen Schlag erhalten.

Dies ist nicht ein Federkiel für Schafe.
Hier gibt es keine trennenden Distanzen.
Dies ist das Heiligtum der Liebe.

Saladin ist so, wie die Seele aussieht.
Reib dir die Augen und schau nochmals
mit Liebe auf Liebe.

# Wovor Jesus davonrannte

Jesus, Sohn der Maria, rennt einen Abhang hinauf,
wie wenn ein wildes Tier ihn jagte.

Jemand, der ihm folgt, fragt ihn: «Wohin gehst Du?
Niemand ist hinter dir her.» Jesus eilt weiter, sagt nichts,
nochmals über zwei Felder. «Bist du der, der über einen
Toten Worte sagt, und dann erwacht er?» **Der bin ich.** «Machtest du
nicht, dass Tontauben flogen?» **Ja.** «Wer dann könnte dich denn
so zum Rennen bringen?» Jesus wird langsamer.

Ich spreche den grossen Namen über die Taube und die
Blinden, und sie werden geheilt. Über einen steinigen
Berghang, und er zerreisst seinen Mantel bis zum Nabel.
Über die Nicht-Existenz, und sie kommt in die Existenz.
Doch wenn ich liebevoll mit denen spreche, stundenlang,
tagelang, die die menschliche Wärme nehmen und
darüber lachen; wenn ich ihnen den Namen sage, geschieht
nichts. Sie bleiben Felsen, oder verwandeln sich in Sand, worauf
nichts wachsen kann. Andere Krankheiten haben Öffnungen, durch
die Gnade hereinkommen kann, doch die Nicht-Antwort brütet
Gewalt und Kälte gegenüber Gott aus. Ich flüchte davor.

Wie die Luft nach und nach Wasser wegstiehlt, so
trocknet das Loblied aus und verdampft bei törichten Leuten,
die den Wandel verweigern. Wie ein kalter Stein unter
deinem Körper stiehlt ein Zyniker Körperwärme.
Er spürt die Sonne nicht.

Jesus flüchtete nicht wirklich vor den Leuten.
Er lehrte auf eine neue Art.

# FRÜHLING

Wieder verneigt sich das Veilchen vor der Lilie.
Wieder zieht die Rose ihr Überkleid aus!
Die Grünen sind von der anderen Welt gekommen,
beschwipst wie die Brise, auf eine neue Verrücktheit aus.

Wieder erscheinen nahe beim Berggipfel
die süssen Gesichtszüge der Anemonen.
Die Hyazinthe sagt formvollendet zum Jasmin:
«Friede sei mit Dir!» «Und Friede sei mit Dir, Kumpel!
Komm, spazier mit mir auf die Wiese!»

Und überall gibt es wieder Sufis. Die Knospe ist scheu,
doch der Wind bläst ihr plötzlich den Schleier fort:
«Mein Freund!» Der Freund ist da wie das Wasser im Strom,
wie eine Lotusblüte auf dem Wasser. Die Narzisse winkt
der Wysteria: «Wann immer du willst.»
Und der Klee zur Weide: «Du bist die, in die ich
meine Hoffnung setze». Die Weide antwortet:
«Betrachte meine Zimmer als die deinen. Willkommen!»

Die Äpfel: «Orange, weshalb runzelst du die Stirne?»
«Dass jene, die mir böse wollen, meine Schönheit
nicht sehen.» Die Ringeltaube kommt fragen:
«Wo, wo ist der Freund?» Mit einem Ton
deutet die Nachtigall auf die Rose.

Wieder kam die Jahreszeit des Frühlings, und ein
Springbrunnen steigt auf unter allem, ein Mond, der von den
Schatten wegrutscht. Viele Dinge müssen unausgesprochen bleiben,
weil es spät ist, doch was immer für Gespräche wir heute nicht
geführt haben, werden wir morgen führen.

## Im Inneren meines Herzens

Ich ging ins Innere meines Herzens
um zu schauen, wie es ihm gehe.

Etwas dort drin macht, dass
ich die ganze Welt weinen höre.

Dann ging ich in jede Stadt und jedes Dorf,
um nach jemandem zu suchen, der Weisheit **sagen** könnte,
aber jeder beklagte sich über die Liebe.

Das Jammern gab mir eine Idee: **Gehe wieder
zurück hinein und finde die Antwort.**
Aber ich fand nichts.

Das Herz arbeitet als Übersetzer zwischen
der mystischen Erfahrung und der Intelligenz.

Es hat seine eigenen Bewohner, die nicht reden
mit einem, der einfach so durchwandert.

Und erinnere dich daran, was Mohammed sagte
über den Ort im Menschen, den wir Herz nennen.
**Dies ist, was ich schätze.**

## Omar und der alte Dichter

Der Harfenspieler war alt geworden. Seine Stimme tönte abgewürgt
und rauh, und ein paar seiner Harfesaiten waren gebrochen.

Er ging auf den Friedhof von Medina und weinte.
«Herr, du hast immer gefälschte Münzen angenommen von mir!
Nimm diese Gebete wieder an, und gib mir genug,
um neue Seidensaiten für meine Harfe zu kaufen.»

Er legte die Harfe als Kopfkissen ab und ging schlafen.
Der Vogel seiner Seele entfloh! Frei vom Körper
und dem Kummer flog sie in eine weite, einfache Region
die sie selber war, wo sie ihre Wahrheit singen konnte.

«Ich liebe dies, keinen Kopf zu haben, dieses Schmecken ohne Mund,
dieses Erinnern ohne Bedauern, wie ich ohne Hände
Rosen und Basilikum sammeln kann auf einer unendlich
weiten Ebene, dies ist meine Freude.»
So tauchte der Wasservogel in seinen Ozean.

Jobs Brunnen, wo Job von allen Beschwerden geheilt wurde,
der reine Sonnenaufgang. Wenn dieser **Mathnawî** plötzlich
Himmel wäre, könnte er nicht die Hälfte des Geheimnisses
aufnehmen, an dem sich der alte Dichter im Schlaf erfreute.
Wenn es einen klaren Weg gäbe da hinein,
niemand würde mehr hier bleiben!

Khalif Omar hielt in der Zwischenzeit ein Schläfchen, da,
wo er die Stimme gehört hatte: «Gib siebenhundert Golddinar
dem Mann, der im Friedhof schläft.»

Jeder versteht die Stimme, wenn sie kommt.
Sie spricht mit der gleichen Autorität zum Türken
und zum Kurden, zum Perser, Araber und Äthiopier,
eine Sprache!

Omar ging zum Ort und setzte sich beim schlafenden Mann hin.
Omar nieste, und der Dichter sprang auf und dachte,
der grosse Mann sei gekommen, ihn anzuklagen.

«Nein. Setz dich her zu mir. Ich muss dir ein Geheimnis erzählen.
Es hat genug Gold im Sack, dass du neue Seidensaiten
für dein Instrument kaufen kannst. Nimm es, kaufe sie
und komm wieder hierher zurück.»

Der alte Mann hörte  und erkannte die Grossherzigkeit,
die ihm zugekommen war. Er warf die Harfe zu Boden
und zerbrach sie. «Die Lieder, Atemzug für Atemzug,

beschäftigten mich mit den musikalischen Formen des Iraq
und den Rhythmen von Persien. **Zirafgand**,
in Moll, die flüssige Frische der vierundzwanzig Melodien

lenkten mich ab, während Karawane um Karawane
aufbrach! Meine Gedichte hielten mich in meinem Selbst,
das das grösste Geschenk war für mich,
nun gebe ich es zurück.»

Wenn jemand für dich Gold herauszählt,
schau nicht deine Hände an, oder das Gold.
Schau den an, der es dir gibt.

«Doch sogar diese jammernde Beschuldigung», sagte Omar,
«ist nur eine andere Form des Eingeschlossenseins,
ein Verbindungsstück in der Rohrflöte.
Bohr ein Loch in die Segmente und sei hohl,
mit durchbohrten Wänden,
so dass die Flötenmusik geschehen kann.

Sei kein Suchender, der eingepackt ist
in die Wichtigkeit seiner Suche!
Bereue dein Bereuen!» Das Herz des alten Mannes
erwachte, nicht länger verliebt
in die hohen und tiefen Töne, ohne zu weinen

oder zu lachen. In der wahren Verwirrung der Seele
ging er hinaus, über die Suche, über die Worte
und das Erzählen hinaus, versunken in Schönheit,
versunken über das Aufgeben hinaus.

Wellen bedecken den alten Mann.
Es gibt nichts mehr über ihn zu sagen.

Er schüttelte seinen Mantel aus,
und jetzt ist nichts mehr in ihm drin.

Dies ist eine Jagd, bei der ein Falke in den Wald taucht
und nicht mehr hervorkommt. Jeden Augenblick
ist das Sonnenlicht vollkommen leer
und vollkommen voll.

# WAS VERLETZT DIE SEELE?

Wir zittern und denken, dass wir uns
jetzt dann gerade auflösen in die Nicht-Existenz,
doch fürchtet sich die Nicht-Existenz noch viel mehr davor,
dass ihr eine menschliche Form gegeben werden könnte!

Gott zu lieben ist das einzige Vergnügen.
Andere Entzücken werden mit der Zeit bitter.

Was verletzt die Seele? Zu leben ohne das Wasser
ihrer eigenen Existenz gekostet zu haben.

Die Leute konzentrieren sich auf den Tod
und diese materielle Erde. Sie haben ihre Zweifel
was das Seelen-Wasser betrifft.
Die Zweifel können vermindert werden!

Nutze die Nacht dafür, deine Klarheit zu wecken!
Dunkelheit und das lebendige Wasser sind Liebende.
Lass sie zusammen wach sein.

Wenn die Händler ihr grosses Mahl essen
und ihren toten Schlaf schlafen,
gehen wir Nacht-Diebe ans Werk.

# DAS WASSERRAD

In diesem Fluss ist die Seele ein Wasserrad;
unabhängig davon, wohin sie schaut,
fliesst das Wasser durch sie hindurch,
dreht und dreht zurück in den Fluss.
Sogar wenn du deine Seite
oder deinen Rücken dem Fluss zuwendest,
kommt das Wasser trotzdem durch.

Ein Schatten kann nicht die Sonne unbeachtet lassen,
sie erschafft und bewegt ihn jeden Tag!
Die Seele lebt wie ein Tropfen Quecksilber
in der Handfläche eines gelähmten Mannes.

Oder sag, dass die Seele der Mond ist,
der von jeden dreissig Tagen zwei hat,
die so leer sind in Vereinigung,
dass er verschwindet.

Die anderen achtundzwanzig Tage erleidet
er verschiedene Stufen des Getrenntseins,
ein armer Wicht, der dann aber lacht.

Das Lachen ist der Weg der Liebenden,
sie leben und sterben, gekitzelt
und immer mit frischem Gesicht,
weil sie das Heimkommen kennen, das auf sie wartet.

Bezweifle dies nicht! Die Antworten und
deine Frage auf die Antwort macht,
dass deine Augen falsch schauen.
Lebe die lachende Stille.

# DAS ÖL DER NUSS

Der König bat seinen treuen Diener Ayaz um ein Urteil
über die Ankläger, die in sein Zimmer eingebrochen waren
und dort nur Ayaz´alte Arbeitsschuhe und eine zerrupfte
Schaffell-Jacke gefunden hatten.

Ayaz zögerte seine Entscheidung hinaus, doch als ihn der König
zu einer schnellen Lösung drängte, sagte Ayaz:
«Alle Befehlsgewalt liegt bei dir. Was ist die Venus, Merkur oder die
seltene Erscheinung eines Kometes, wenn die Sonne hervorkommt?»

Ich bin unschlüssig, irgendeinem die Schuld zu geben.
Wenn ich nicht  so seltsam meine alten, verdreckten Kleider geehrt
hätte, wäre die Vorstellung jener, die gerne Fehler finden,
nicht ausgelöst worden. Weil sie dies aber mit mir taten,
ist es das gleiche, wie wenn man in den Fluss griffe,
um einen trockenen Lehmklumpen zu finden.

Wie kann ein Fisch den Ozean verraten?
Sie haben in jemandem Misstrauen gesucht,
der ins Element Vertrauen eingewickelt ist.»

Ich würde die Worte von Ayaz kommentieren, wenn ich nicht wüsste,
dass viele darauf warten, meine Kommentare falsch zu zitieren
und Verwirrung zu verursachen. Es gibt eine Stimme, die keine Worte
braucht. Hör auf sie, wenn das persönliche Selbst aufbricht.

Schmecke an der Stille im Öl der Nuss, jene süsse Freude,
die Ursache ist, dass wir uns überhaupt mit diesen laut rasselnden
Walnuss-Worten herumschlagen. Geh in die ekstatische Taubheit
innerhalb der Poesie und den Reden über Geheimnis.
Einen einzigen Tag, versuch nicht zu sprechen!

# Ein Lied vom Leersein

Ein gewisser Sufi zerriss seinen Mantel in der Trauer,
und das Zerreissen brachte solche Erleichterung

dass er dem Mantel den Namen **faraji** gab,
das ‹aufgerissen› bedeutet, oder **Glück**,
oder **jener, der Freude bringt beim Geöffnetwerden**.

Er kommt vom Stamm **faraj**, der sich auch auf die
Genitalien bezieht, männliche und weibliche.

Sein Lehrer verstand die Reinheit der Tat,
während andere nur die schäbige Erscheinung sahen.

Wenn du Friede und Reinheit willst,
reiss deine Bedeckungen weg.

Dies ist der Zweck der Gefühle, die strömende
Schönheit durch dich hindurch fliessen zu lassen.

Nenne es Geist, Elixier, oder die ursprüngliche
Abmachung zwischen dir und Gott.

Sich da hinein zu öffnen bringt Frieden,
ein Lied vom Leersein,
reine Stille.

# DIE QUELLE DER FREUDE

Niemand weiss was der Grund ist, dass die Seele
so glücklich aufwacht!

Vielleicht hat eine Morgenbrise den Schleier gelüftet
vor dem Antlitz Gottes.

Tausend neue Monde erscheinen.
Rosen öffnen sich lachend.

Herzen werden zu vollkommenen Rubinen
wie jene aus Badakshan.

Der Körper wird ganz Geist.
Blätter werden zu Ästen in diesem Wind!

Weshalb ist es nun so leicht, sich hinzugeben,
sogar für jene, die sich schon hingegeben haben?

Es gibt keine Antwort für irgend etwas davon.
Niemand kennt die Quelle der Freude.

Ein Dichter atmet in eine Rohrflöte,
und jede Haarspitze macht Musik.

Shams schleudert Lehmklumpen vom Dach,
und wir nehmen die Arbeit als Türhüter für ihn an.

# Welchen Weg geht die Nacht?

Liebe kommt mit einem Messer, nicht mit irgendeiner
schüchternen Frage, und nicht mit Furcht um ihren Ruf!

Ich sage diese Dinge ohne Anteilnahme.
Nimm sie mit Wohlwollen an.

Liebe ist ein Verrückter,
der seine wilden Muster herausarbeitet,
seine Kleider zerreisst, durch die Berge rennt,
Gift trinkt und nun still die Auslöschung wählt.

Eine kleine Spinne versucht, eine riesige Wespe einzuwickeln.
Denk an das Spinnennetz, das vor der Höhle
gespannt war, in der Mohammed schlief!

Es gibt Liebesgeschichten,
und es gibt Vernichtung auf die Liebe zu.

Du bist dem Meeresstrand entlang gewandert und
hast deine Kleider gehoben, dass sie trocken bleiben.

Du musst nackt untertauchen,
und noch tiefer hinab,
tausendmal tiefer!

Liebe fliesst nach unten. Der Boden ergibt sich
dem Himmel und erleidet, was kommt.

Sag mir, ist die Erde schlimmer,
weil sie so nachgibt?

Lege keine Decken auf die Trommel!
Öffne dich ganz. Lass dein Geist-Ohr
dem leidenschaftlichen Murmeln
des grünen Domes lauschen.

Lass zu, dass sich die Stricke deines Kleides lösen. Erbebe
in dieser neuen Liebe, jenseits von allem darüber und darunter.

Die Sonne erhebt sich, doch welchen Weg geht die Nacht?
Ich habe keine Worte mehr.

Lass die Seele sprechen
durch die stille Artikulation
eines Gesichts.

## FLAGGENLÖWEN

Du siehst Flaggenlöwen, die im Wind spielen,
herumhüpfen, doch siehst du den Wind nicht.

Du kannst sagen ob es ein Ost- oder ein Westwind ist,
gesund oder zerstörerisch, doch nur wenig mehr.

Der Körper ist wie der Löwe auf dem Banner,
das Lebenswetter bläst und bringt ihn zum Tanzen,

dann zu vergehen und zu sterben. Der Flaggenlöwe
lässt seine Hüften fallen und schaut empor.

Es gibt eine unsichtbare Wirklichkeit,
die das geschlossene Auge im Traum sieht,

eine Sonne und ein Mond. Geist, eine Vollkommenheit,
scheint im Inneren unserer Nächte und Tage.

Schlaf ist des Todes Bruder, doch gibt es
viele verschiedene Formen des Schlafes. Lerne darüber!

Ein paar Leute bewahren im Schlaf Bilder
eines Bewusstseins, das sie im Wachzustand

nicht einmal in zwanzig Jahren erreichen. Sie rennen zu
gelehrten Trauminterpreten, mehr aus Neugier

als aus anderen Motiven. Bleibe bei der Wurzel
deines Traumes. Steige nicht hinaus auf intellektuelle Äste.

Wir brauchen robuste Elefanten, die sich in den Dienst stellen,
verloren in einer Vision des Hindustan.

**Sich erinnern** und **zurückkehren** ziehen nicht jeden an,
nur gerade jene Elefanten mit tiefer Begierde.

Esel träumen nie von Indien. Doch kannst du
ein Elefant werden, auch wenn du jetzt ein Esel bist.

Unsichtbare Alchemisten flüstern davon in dein Ohr,
die ganze Zeit. Lausche ihnen. Fühl

ihre Berührungen. Entdecke die neuen
Heilpflanzen, die sich in der Morgendämmerung zeigen.

Studiere das Leben Abrahams, der sich plötzlich veränderte,
wegen dem, was er in seinem Schlaf sah.

Er durchschnitt die Seile, die ihn festhielten und begann
zu wandern, wie Mohammed sagte, irgendwo zwischen

den traurigen Anhaftungen der Sinne und einer reinen
Vereinigung mit Licht. Deine eigene Umwandlung,

wie das Spiel des Windes mit der Flagge, bewegt
sich nun in dir; so nahe, so einfach.

# ATME HERBST EIN, SEHNE DICH NACH FRÜHLING

Vereinigung ist ein wässeriger Pfad. In einem Auge,
der Lichtpunkt. In Brust, die Seele.

Ich bin es nicht wert, mit dir zu sein. Deine Gnade zieht mich.
Der Ort, wohin die ekstatisch Liebenden gehen, wird Taverne
genannt, in der jeder spielt; und wer verliert, muss dort leben.

So, meine Liebe, sogar wenn du ein Musterbeispiel bist
für das ordentliche Voranschreiten der Zeit, geh nicht!
Oder wenn du gehst, verkleide dich!

Doch bedecke deine Brust nicht. Bleib dort offen.
Jemand fragte mich: «Was ist Liebe?»
Such nicht nach Erklärungen.

Lös dich in mir auf und du wirst wissen, wenn sie ruft.
Antworte! Geh hinaus als Löwe, als Rose.
Atme Herbst ein, sehne dich nach Frühling.

Du, er du das dumpfe Feld verwandelst,
der Du den verletzten Ohren Gespräch gibst,
das Sterben lebendig machst, verleihe
dem wandernden Gemüt Gefährtenschaft, Du,

der du nachts die fünf Sinne auslöschst,
den Augen das Funkeln und einem Blutklumpen Weisheit gibst,
dem Liebenden heroische Kraft schenkst,

Du, der du hörtest, was Sanai sagte:
«Verlier dein Leben, wenn du die Ewigkeit suchst.»
Der Meister, der uns lehrt, ist absolutes Licht,
nicht diese Sichtbarkeit.

## PERSÖNLICHE INTELLIGENZ

Deine persönliche Intelligenz ist nicht in der Lage zu arbeiten,
sie kann lernen, doch kann sie nicht erschaffen.

Dies muss aus der Nicht-Zeit, dem Nicht-Raum kommen.
Wahre Arbeit beginnt da.

Das Denken tut sein Feinabstimmen, Haarespalten,
doch keine Fertigkeit oder Kunst beginnt
oder kann von Dauer sein ohne Meister,
der die Weisheit dazu gibt.

## Ein Null-Kreis

Sei hilflos und sprachlos
unfähig, ja oder nein zu sagen.

Dann wird eine Tragbahre kommen
aus Gnade, die uns aufnehmen wird.

Unsere Augen sind zu dumpf, um Schönheit sehen zu können.
Wenn wir sagen: «**Doch wir können**», werden wir lügen.

Wenn wir sagen: «**Nein, wir können sie nicht sehen**»,
wird dieses **Nein** uns den Kopf abhacken
und unser Fenster zum Geist verschliessen.

So lasst uns lieber nicht sicher sein über irgend etwas
ausser uns, und nur das, so dass Wunderwesen
gerannt kommen, uns zu helfen.

Verrückt, in einem Null-Kreis liegend, stumm,
werden wir schliesslich
mit unglaublicher Beredsamkeit sagen: **Führe uns**.

Wenn wir uns vollkommen dieser Schönheit ergeben haben,
werden wir eine mächtige Freundlichkeit werden.

## DAS ZEICHEN, AUSGETROCKNET ZU SEIN

Das Zeichen, ein abgestorbener Ast zu sein,
abgetrennt vom Wurzelwasser tief im Boden,
ist, dass du keine Neigung hast zum Schwingen.

Feuchte, frische Glieder zieht es leicht
in alle Richtungen, lassen sich sogar
zu einem Bogen für den Korbgriff runden.

Dies ist symbolische Sprache, doch das Symbol selber
ist ein Feuer, das deine Phantasien darüber,
wie du in Vereinigung bist, verbrennt.

Sei leer, wenn du in
Eigenschaften und Essenz gehst.

Einige Buchstaben verschwinden, wenn sie wegrutschen.
Auf diese Weise erhebt sich die wahre Bedeutung.

Keine Worte können ausdrücken, wie inspiriert
Worte aus der Stille hervorspringen.

# Sei misstrauisch gegen dich

Alles, was du tust, hat eine Eigenschaft,
die irgendwie wieder zu dir zurückkehrt.

Jede Tat nimmt in der unsichtbaren Welt eine Form an,
sie ist vielleicht anders als das, was du dachtest

erscheinen würde. Ein Verbrechen geschieht,
und ein Galgen wird gebaut. Das eine sieht nicht

wie das andere aus, doch sie entsprechen sich.
Akzeptiere die Resultate von dem, was du im Zorn getan hast,

oder aus Gier, oder um dein Ego aufzublasen. Gib nicht
dem Schicksal die Schuld! Jener Hund liegt im Strassengraben

und wird nicht antworten, wenn du rufst.
Sei misstrauisch gegenüber dir selber! Befrage dich

nach deinen verborgenen Beweggründen. Es braucht Mut
zu bereuen, und noch mehr Mut, sich zu ändern.

Doch erkenne dies: genauso wie die Staubkörner aufscheinen
im Sonnenlicht, das durch dieses Fenster scheint,

gibt es ein Licht der Wirklichkeit, in der Vorstellungen,
verborgene Scheinheiligkeit, und die Eigenschaften

jeder Tat klar werden. Alles was du getan hast
und tun wirst, wird im Licht jener Sonne sichtbar werden.

# Das Gasthaus

Dieses Menschsein ist ein Gasthaus.
Jeden Morgen eine neue Ankunft.

Eine Freude, eine Depression,
ein spontanes Erkennen kommen
wie ein unerwarteter Besucher.

Heisse sie willkommen und unterhalte sie alle!
Sogar wenn es eine Horde Sorgen sind,
die mit Gewalt dein Haus
von seinen Möbeln leerfegen.

Trotzdem, behandle jeden Gast ehrenvoll.
Vielleicht putzt er dich heraus
für eine neue Freude.

Der dunkle Gedanke, die Scham, die Gemeinheit
begrüsse sie an der Tür mit einem Lachen
und lade sie ein.

Sei dankbar dafür, was immer kommt,
weil jeder gesandt wurde
als Führer von dem, was von weiter her kommt.

## Ist dies eine Theaterbühne?

Frage jemanden, wessen Haus dies ist,
aus dem immer Musik hervorströmt.

Ist dies die Kaaba, oder ein Tempel aus Licht?
Ist da etwas, das das Universum nicht aufnehmen kann?

Oder ist dies eine Theaterbühne?
Reisse sie nicht ab!

Und versuch nicht, mit dem Besitzer zu sprechen.
Er schläft.

Schaffe einen Duft aus dem Staub und dem Abfall
hier, wo der Rahmen die Poesie ist,
der Küchenklatsch reines Loblied!

Wer immer diesen Raum betrifft, wird weise.
Dies ist das Haus der Liebe,
in dem niemand Blatt von Blüte
oder Falle von Köder unterscheiden kann.
Alles spiegelt hier alles wieder.

Die Haarspitze sinkt durch den Kamm.
Niemand weiss den Namen von irgendjemandem.

Warte nicht an der Türschwelle!
Geh in diesen Wald voller Löwen,
und beachte die Gefahr nicht.

Nicht nötig, dass du Feuer setzt, wo immer du hingehst.
Das Dickicht des Löwen ist Stille.
Sprache, eine Flamme.

## Salomons schiefe Krone

Salomon war damit beschäftigt, über andere zu urteilen,
da waren es seine persönlichen Gedanken
die diese Gesellschaft unterbrachen.

Seine Krone rutschte schief auf seinem Kopf.
Er setzte sie gerade, doch die Krone rutschte
wieder, acht Mal geschah dies.

Schliesslich begann er mit seiner Kopfbedeckung zu sprechen.
«Weshalb rutschst du immer wieder über meine Augen?»

«Ich muss. Wenn deine Macht das Mitgefühl verliert,
muss ich zeigen, wie so ein Zustand aussieht.»

Soalomon erkannte die Wahrheit sofort.
Er kniete nieder und bat um Vergebung.
Die Krone setzte sich wieder aufs Zentrum seines Hauptes.

Wenn etwas falsch geht, gib dir selber zuerst die Schuld.
Sogar die Weisheit von Plato oder Salomon
kann wanken und in die Irre gehen.

**Höre hin**, wenn deine Krone dich daran erinnert,
was dich kalt macht gegenüber anderen,
wenn du die gierige Energie in deinem Innern hofierst.

# JOSEPH

Joseph ist gekommen, der Schönste dieses Zeitalters,
ein Siegesbanner, das über die Frühlingsblumen weht.

Ihr, deren Werk es ist, die Toten zu erwecken, steht auf!
Dies ist ein Arbeitstag.

Der Löwe, der Löwen jagt, greift an, in die Wiesen.
Gestern und vorgestern sind vorbei.
Die schöne Münze des Heute fällt in deine Hand.

Die Strassen und Gebäude dieser Stadt sagen alle:
**Der Prinz kommt!**

Beginn die Trommel zu schlagen. Alles, was wir
über den Freund gesagt haben, ist wahr. Die Schönheit
dieser Friedfertigkeit macht die ganze Welt rastlos.

Breite deinen Liebesmantel aus, um aufzufangen,
was von der neunten Ebene herunterfliesst.

Du seltsamer verstossener Vogel mit gestutzten Flügeln,
nun hast du vier Ritzel voller Federn.

Du Herz, eingeschlossen in einer Brust, öffne dich
weil der Freund in dich eintritt.

Ihr Füsse, es ist Zeit zu tanzen!
Redet nicht über den alten Mann!

Er ist wieder jung. Und erwähne
die Vergangenheit nicht. Verstehst du?
Der Geliebte ist **hier**.

Du murmelst:
«Doch welche Entschuldigung kann ich dem König anbieten?»
wenn der König hier ist und sich bei dir entschuldigt!

Du sagst: «Wie kann ich dieser Hand ausweichen?»
wenn diese Hand versucht, dir zu helfen.

Du sahst ein Feuer, und Licht kam.
Du sahst Blut, und Wein wurde eingeschenkt.

Renne nicht davon vor deinem unglaublich guten Reichtum.

Sei still und versuche nicht,
dazuzutun, was dir gegeben wurde.

Eine unfassbare Gnade ist dir zugekommen.

## BEWEG DICH WEITER

Hörst du, was die Geige sagt
über die Sehnsucht?
Das gleiche wie der Stock. «Ich war einmal
ein grüner Ast im Wind.»

Wir alle sind weit von zu Hause weg.
Sprache ist unsere Karawanenglocke.
Halte nirgends an.
Im Augenblick, wo dich ein Ort anzieht,
wird er dir schon langweilig.

Denk an die grossen Schritte, die du schon tatest,
von einer einzelnen Zelle zum Menschsein!

Bleib leichtfüssig, und beweg dich weiter.
Türkisch, Arabisch, Griechisch, jede Sprache
ist ein Wind, der früher Wasser war.

Wie die Brise den Ozean in sich trägt,
steht unter jedem Satz,
**Komm zurück zur Quelle.**

Eine Motte vermeidet die Flamme nicht.
Der König lebt in der Stadt.
Weshalb sollte ich da Gesellschaft halten mit einer Eule,
hier draussen in den leeren Gebäuden?

Wenn sich dein Esel verrückt aufführt und nicht arbeiten will,
wende die Ochsenpeitsche auf seinem Kopf an.
Versuch nicht, ihn zu seiner Vernunft zurück zu lieben.
Brat ihm eins über!

# KORBFLECHTEN MIT EINER HAND

# Korbflechten mit einer Hand

*) Diese Geschichte ist die einzige, die nicht aus Mevlânâ Jelaluddin Rumis berühmten ‹Mathnawî› stammt; sie kommt von Bawa Muhaiyaddeen, dem Lehrer von Coleman Barks, ihm verdanken wir die wunderschönen englischen Übersetzungen des unermesslichen Geschichtenschatzes von Rumi.

## KORBFLECHTEN MIT EINER HAND

Es war einmal ein Derwisch, der allein in den Bergen lebte.
Er hatte ein Gelübde abgelegt, nie Früchte von den Bäumen
zu pflücken, sie herunterzuschütteln, oder irgendjemanden
zu fragen, dies für ihn zu tun.

«Nur, was der Wind zum Fallen bringt».
Dies war sein Weg, sich in Gottes Willen zu fügen.

Es gibt einen Spruch des Propheten, der Mensch sei wie eine Feder in
der Wüste, der herumgeweht wird, wo immer den Wind ihn hinträgt.

So erwachte er eine Zeitlang jeden Morgen in der Freude seiner
Hingabe, mit einer neuen Richtung, der er folgen konnte.

Aber dann kamen fünf Tage ohne Wind, und nicht eine Birne fiel
herunter. Er verzichtete geduldig, bis eine Brise stark genug blies,
um einen Ast voller reifer Birnen nahe vor seine Hand hin zu wehen,
doch nicht stark genug, um die Birnen herunterzuschütteln.

Er griff zu und nahm eine.

In der Nähe verteilte eine Bande Diebe unter sich,
was sie gestohlen hatten. Die Polizei überraschte sie dabei
und bestrafte sie gleich: Ihnen wurde die rechte Hand
und der linke Fuss abgehackt.

Irrtümlich packten sie auch den Einsiedler und hackten ihm die Hand
ab; doch bevor sie ihm auch den Fuss nahmen, erkannten sie ihn.

Der Bürgermeister kam: «Vergib den Polizisten,
sie wussten nicht, was sie taten, vergib uns allen!»

Der Scheich sagte: «Es ist nicht euer Fehler.
Ich habe mein Gelübde gebrochen
und der Geliebte hat mich bestraft.»
Er wurde berühmt als Scheich Aqta, was bedeutet:
«Der Lehrer, dessen Hand abgehackt worden war.»

Eines Tages kam ein Besucher zu seiner Hütte, ohne anzuklopfen;
und er sah ihn Körbe flechten aus Palmblättern.
Man braucht zwei Hände zum Flechten!

«Weshalb bist du hereingekommen, ohne anzuklopfen?»
«Aus Liebe zu dir.» «Dann bewahre das Geheimnis,
das du gesehen hast, für dich - dies wurde mir geschenkt.»

Doch andere hörten auch davon
und viele pilgerten zur Hütte, um dies zu sehen.
Die Hand, die ihm beim Weben der Palmblätter half, kam,
weil er keine Angst mehr davor hatte,
ein Glied zu verlieren, oder vor dem Tod.

Wenn die ängstlichen, selbstbeschützenden Vorstellungen schwinden,
beginnt die wahre Zusammenarbeit.

## GESCHICHTEN-WASSER

Eine Geschichte ist wie Wasser, das du aufheizt für ein Bad.
Sie bringt die Botschaft des Feuers zu deiner Haut.
Sie macht, dass beide sich treffen, und sie reinigt dich.

Nur sehr wenige können selber mitten ins Feuer sitzen,
wie ein Salamander, oder wie Abraham. Wir brauchen Vermittler.
Ein Gefühl der Vollständigkeit stellt sich ein,
doch gewöhnlich braucht es Brot, dass es kommt.

Schönheit ist überall um uns herum, doch gewöhnlich
müssen wir in einem Garten spazieren gehen,
um sie zu erkennen.
Der Körper selber ist eine Leinwand,
um zu verbergen und teilweise zu enthüllen,
das Licht, das in deiner Gegenwart lodert.

Wasser, Geschichten, der Körper, alles was wir tun, sind Mittel,
die verbergen und zeigen, was verborgen ist.

Studiere sie, und freu dich am Gewaschenwerden,
mit einem Geheimnis, das wir manchmal erkennen
und manchmal nicht.

## In den Bach hinein schauen

Die Seele ist, mit den Sinnen und dem Intellekt,
wie ein Bach.

Wenn das Begierde-Gras dick wächst,
kann die Intelligenz nicht fliessen,
und die Seelen-Geschöpfe bleiben verborgen.

Doch manchmal fliesst dein vernünftiges Gemüt so stark,
dass es den verstopften Fluss wie mit
Gottes Händen herausputzt.

Nicht länger Weinen und Enttäuschungen,
dein Wesen wächst so stark,
wie es vorher die Bergierde tat.

Lachen und Zufriedenheit,
und da ist hellsichtiges Träumen.

Die Tore des Lichtes schwingen auf,
du siehst hinein.

## PLUMPE VERGLEICHE

In dieser physischen Welt gibt es nicht zwei Dinge,
die gleich sind, jeder Vergleich ist plump und roh.

Man kann einen Löwen neben einen Menschen stellen,
doch dieser Vergleich ist für beide zufällig.

Man kann sagen: «Dieser Körper ist wie eine Lampe.
Sie muss einen Docht und Öl haben, Schlafen und Essen.
Wenn sie dies nicht hat, erlöscht sie;
sie verbrennt die ganze Zeit beides
und versucht zu sterben.»

Aber wo bleibt die Sonne in diesem Vergleich?
Sie erhebt sich, und das Licht der Lampe
vermischt sich mit dem Tageslicht.

Einheit, die Realität, kann nicht verstanden werden
mit Lampen- und Sonnenbildern. Das Verwischen
der Mehrzahl in eine Einheit ist falsch.

Kein Bild kann beschreiben, was von unseren Vätern und Müttern,
von unseren Grossvätern und Grossmüttern bleibt.

Sprache berührt das EINE nicht,
das in jedem von uns lebt.

# MARIAS NOT

Es war Marias schmerzvolle Not,
die ein Kind wie Jesus dazu brachte,
schon in der Wiege zu sprechen.

Was immer gewachsen ist, ist gewachsen für jene in Not,
so dass der Suchende das findet, was er sucht.

Wenn der Höchste Gott die Himmel erschaffen hat,
tat er dies, um Bedürfnisse zu befriedigen.

Wo immer ein Schmerz ist, da geht die Heilung hin;
wo immer eine Armut ist, dort geht die Versorgung hin.

Wo immer eine schwierige Frage steht, dort geht die Antwort hin,
wo immer ein Schiff ist, dort geht das Wasser hin.

Suche das Wasser nicht, vergrössere deinen Durst,
so dass das Wasser hervorströmen kann von unten und oben.

Wie soll, bevor das Kind mit der zarten Kehle geboren ist,
die Milch von der Mutterbrust fliessen?

## Das Versteck der Maria

Von den Besitztümern, die du liebst,
schleich dich weg, sag, was Maria sagte,
als Gabriel sie überraschte.

«Ich verberge mich in Gott drin.»

Nackt in ihrem Zimmer,
sah sie eine Form von Schönheit
die ihr neues Leben schenken konnte.

Wie die Sonne, die hervorkommt,
oder eine Rose, die sich öffnet.

Und sie schlüpfte, wie sie es jeweils tat,
aus sich heraus in die Göttliche Gegenwart.

Da war Feuer im Kanal ihres Atems,
Licht und Majestät erschien.

Ich bin Rauch von diesem Feuer
und Beweis seiner Existenz,
mehr als jede äussere Form.

# EIN LIED

Was wir loben, ist Eins,
und so ist auch das Lob nur eines,
ein Haufen Krüge in ein Bassin geleert.

Alle Religionen,
all dies Singen
ist ein Lied.

Die Unterschiede sind nur
Illusionen und Eitelkeit.

Die Sonne sieht etwas anders aus
auf dieser Mauer als auf der anderen,
und nochmals ganz anders auf jener,
doch ist es immer noch Ein Licht.

Wir haben uns die Kleider ausgeliehen,
die Zeit- und Ort-Persönlichkeiten
des Lichtes, und wenn wir loben,
leeren wir sie wieder zurück, hinein.

## Nacht-Diebe

Ein König streifte einmal nachts durch sein Land
und traf eine Bande Diebe an.

«Wer bist du?» fragten sie. «Ich bin einer von euch.»
So wanderten sie miteinander, und jeder erzählte von seinen
besonderen Fähigkeiten, die ihn zu diesem Nachtgewerbe befähigen.

Der eine sagte: «Mein Genie liegt in den Ohren.
Ich kann verstehen, was ein Hund sagt, wenn er bellt.»
Die anderen lachten: «Dies ist nicht viel wert!»

Ein anderer Dieb sagte: «Meine Spezialität sind die Augen.
Was immer ich nachts sehe, kann ich auch am Tag erkennen.»

Noch ein anderer: «Meine Stärke ist im Arm.
Ich kann jede Wand durchbrechen.»

Der nächste: «Meine Nase. Ich kann am Boden schnüffeln
und herausfinden, wo die Schätze verborgen sind.»

Der letzte Dieb sagte: «Es ist meine Hand.
Ich kann um alles ein Lasso werfen.»

Dann fragten sie den verkleideten König, was er beitragen könne.
«Es ist der Bart. Wenn ich auf einen Gauner zeige damit, wird er befreit!» «Oho, du bist aber gut, schön, dass du bei uns bist!»

Und so zogen sie weiter, und zufällig, auf den Palast zu. Ein Wachhund
bellte, und der Hör-Dieb übersetzte: «Er sagt, der König sei bei uns.»

Der Riecher-Dieb schnüffelte auf dem Boden:
«Dies ist Erstklass-Land.»

Der Lasso-Dieb warf schnell ein Seil über die Mauer,
der Tunnel-Dieb bohrte ein Loch in die Schatzkammer,
und alle beluden sich mit Goldschmuck und grossen Perlen.

Der König schaute zu und ging dann leise davon.

Am nächsten Tag wurde der Diebstahl bemerkt,
und der König schickte seine Wachen aus,
um die Verhaftungen vorzunehmen.

Als die Diebe hereingebracht wurden, sagte jener,
der die Nachtdinge auch am Tag sehen kann:
«Dies ist der Freund, der gestern nacht
bei uns war, der Bart-Mann.»

Jener Tag- und Nachtmensch war ein Mystiker.
Er hatte verstanden, was geschehen war.

«Jener König verkörpert den Satz, der heisst:
**Und Er ist mit euch!**

Er kennt unser Geheimnis.
Er spielt sein Spiel mit uns.

Dieser König ist der Zeuge,
und in seiner klaren Wahrheit ist er die Gnade,
die wir zutiefst brauchen.»

## AUFERSTEHUNGSTAG

Am Auferstehungstag wird Gott sagen:
«Was hast du getan mit der Stärke und der Energie,
die dir das Essen auf der Erde gegeben hat?

Wie hast du deine Augen gebraucht?
Was hast du getan mit deinen fünf Sinnen,
während sie lauer und ausgeleierter wurden?

Ich habe dir Hände und Füsse als Werkzeuge gegeben,
um den Boden zum Pflanzen zu bearbeiten. Hast du,
in der Gesundheit, die ich dir geschenkt habe, gepflügt?

Du wirst dich nicht auf deinen Füssen halten können,
wenn du die Frage hörst. Du wirst dich verdrehen
aus Scham und schliesslich die Grösse erkennen.

Gott wird dann sagen: «Hebe dein Haupt
und beantworte die Frage.»

Dein Kopf wird sich etwas heben, und dann wieder herunterfallen.
«Schau mich an! Sag mir, was du getan hast!»

Du versuchst es, fällst jedoch wieder flach,
wie eine Schlange. «Ich möchte jedes Detail, sag es mir!»

Mit der Zeit wirst du fähig sein, aufzusitzen.
«Sei einfach und klar. Ich habe dir so grosse Geschenke gegeben.
Was hat du damit getan?»

Dann wirst du dich nach rechts wenden,
um bei den Propheten Hilfe zu suchen,
wie wenn du sagen würdest:

Ich bin steckengeblieben im Sumpf meines Lebens.
Helft mir da heraus!

Und sie werden sagen, die Könige:
«Die Zeit zu helfen ist vorbei.
Der Pflug steht dort auf dem Feld.
Du hättest ihn brauchen sollen.»

Dann wirst du dich nach links wenden,
wo deine Familie ist, und sie werden sagen:
«Schau nicht uns an! Die Unterhaltung ist
zwischen dir und deinem Schöpfer!»

Dann wirst du das Gebet beten,
das die Essenz jedes Rituals ist.

**Gott, ich habe keine Hoffnung.
Ich bin in Stücke zerrissen.
Du bist mein Erstes und Letztes
und meine einzige Zuflucht.**

Bete deine täglichen Gebete nicht wie ein Vogel,
der mit seinem Kopf auf und ab pickt.

Das Gebet ist ein Ei. Brüte aus
die totale Hoffnungslosigkeit im Innern.

## DIE ANTWORT «DA BIN ICH»

Die Freundlichkeit in deinem Blick ist verheiratet
mit der Substanz deiner Augen.

Freude lebt in der Niere,
Kummer in der Leber.

Intelligenz, die helle Kerze,
brennt in der Materie
deines Hirns.

Die Verbindungen haben einen Zweck,
doch wissen wir nicht, was er ist.

Die universelle Seele berührt
eine einzelne Seele und gibt ihr
eine Perle, um sie in der Brust zu verbergen.

Ein neuer Christus lebt in dir
von dieser Berührung, doch kann niemand
sagen, weshalb oder wie.

Jedes Wort, das ich sage, versucht
eine Antwort hervorzulocken von dem.

«Herr», rufe ich, und aus dem Inneren meines
«Herr», kommt «Da bin ich»,

ein «Da bin ich», das man nicht hören kann;
doch kann man es schmecken und spüren
in jeder Zelle unseres Körpers.

## Stirb bevor du stirbst

Die Sonne der Liebe ist das Gesicht des Freundes.
Das andere Sonnenlicht bedeckt dies.
Der Tag und das tägliche Brot, das kommt, sollen nicht
wegen ihrer selbst angebetet werden.

Lobe das grosse Herz in ihnen, und den Liebesschmerz in dir,
der auch Teil ist davon. Sei einer der Fische Gottes,
der erhält, was er braucht,
direkt aus dem Ozean um ihn herum.
Zu essen, ein Dach, Schlaf, Medizin.

Der Liebende ist wie ein Säugling an der Brust der Mutter,
der nichts weiss von den sichtbaren und unsichtbaren Welten.
Alles ist Milch, obwohl der Säugling sie nicht definieren könnte.
Er kann nicht reden.

Dies ist das Rätsel, das den Geist verrückt werden lässt:
Dass jener, der öffnet und das, was geöffnet wird, das Gleiche ist!
Das es Meerwasser **im Fisch drin** ist,
das ihn trägt, nicht das Flusswasser.

Der Zeit-Fluss breitet sich aus
und verschwindet im Ozean mit dem Fisch.
Ein Same bricht auf und löst sich in der Erde auf.
Erst dann kommt ein neuer Feigenbaum ins Leben.

Dies ist die Bedeutung des
«Stirb bevor du stirbst».

## Ein notwendiger Herbst in jedem von uns

Du und ich haben all die Worte gesagt, doch was den Weg betrifft,
den wir zu gehen haben, sind Worte keine Vorbereitung.
Es gibt kein anderes Bereitwerden als Gnade. Meine Fehler
sind verborgen geblieben. Man könnte dies Vorbereitung nennen!

Ich habe einen kleinen Tropfen Wissen in meiner Seele.
Lass ihn aufgehen in Deinem Ozean.
Es gibt so viele Bedrohungen dieses Aufgebens.

In unserem Inneren ist ein fortwährender Herbst.
Unsere Blätter fallen und werden hinausgeblasen über das Wasser.
Eine Krähe sitzt in den geschwärzten Gliedern
und schwatzt darüber, was vergangen ist.

Dann kommt Deine Grosszügigkeit zurück:
Frühling, Feuchte, Intelligenz,
der Duft von Hyazinthen und Rosen und Zypressen.

Josef ist zurück! Und wenn du in dir drin
die Frische von Josef nicht spürst, sei Jakob.
Weine und dann lache! Tu nicht dergleichen,
du wissest etwas, ohne dass du es selber erlebt hast.

Es gibt notwendiges Sterben, dann atmet Jesus wieder.
Sehr wenig wächst auf zerklüftetem Felsen. Sei Erde,
zerbröcke, so werden Wildblumen auftauchen wo du bist.

Du warst viel zu lange Jahre steinig.
Versuch etwas anderes.

Gib dich auf.

# Der indische Papagei

Ein Händler bereitete sich auf eine Reise nach Indien vor.
Er fragte jeden Diener und Dienerin, was er ihnen als Geschenk
zurückbringen solle. Alle wollten ein anderes, exotisches Ding.
Ein Stück Seide, ein Kupferfigürchen, eine Perlenkette.

Dann fragte er sein wunderschönes Papageienweibchen im Käfig,
jenes, das eine solch schöne Stimme hatte; und sie sagte: «Wenn du
die indischen Papageien siehst, beschreib ihnen meinen Käfig.
Sag, dass ich geistige Führung brauche in meiner Trennung von ihnen.
Frag sie, wie unsere Freundschaft weiter bestehen könne, mit mir, die
ich hier so beschränkt bin, und ihnen, so frei im frischen Mattenwind.

Erzähl ihnen, dass ich mich so gut an unsere Morgen erinnern kann,
als wir von Baum zu Baum flogen. Sag ihnen, einen Becher ekstatischen Wein zu trinken zu meiner Ehre, die sich da am Boden meines
Lebens befindet. Sag ihnen, dass mir der Klang ihres Keifens hoch in
den Bäumen süsser wäre als jede Musik.»

Der Papagei ist der Geist-Vogel in uns allen, jener Teil,
der in die Freiheit zurück möchte, und der selber Freiheit ist.
Was sie von Indien will, ist **sie selber**!

So gab das Papageienweibchen seine Botschaft dem Händler mit,
und als er nach Indien kam, sah er ein Feld voller Papageien.
Er hielt an und sagte ihnen, was ihm aufgetragen worden war.

Einer der Papageien, der in der Nähe sass, begann zu zittern, er wurde
steif und fiel tot vom Baum. Der Händler sagte: «Dies war sicher ein
Verwandter meines Papageis. Ich hätte nichts sagen sollen.»

Er führte noch seinen Handel zu Ende und reiste heim mit den Ge-
schenken für seine Arbeiter. Als er zum Papagei kam, verlangte sie ihr

Geschenk. «Was ist geschehen, als du meine Geschichte den indischen Papageien erzähltest?» «Ich getraue mich nicht, es dir zu sagen.»

«Meister, du musst!» «Als ich deine Klage einem Schwarm von plappernden Papageien erzählte, brach es einem von ihnen das Herz. Es war sicher ein naher Freund oder Verwandter von dir; weil als er von dir hörte, wurde er still, begann zu zittern und starb dann.»

Als der gefangene Papagei dies hörte, begann sie selber an zu zittern und sank auf den Käfigboden.

Der Händler war ein guter Mann. Er trauerte tief um seinen Papagei und murmelte verstörte Sätze, widersprüchliche; kalt, dann liebevoll, klar und dann wieder voller dunkler Symbolik.

Ein ertrinkender Mensch hält sich an allem fest! Der Freund liebt das Umherirren mehr als alles Still-Liegen. Der EINE, der innerhalb der Existenz lebt, ist immer in Bewegung, und was immer du tust, der König schaut durchs Fenster.

Als der Händler den ‹toten› Papageien aus seinem Käfig warf, öffnete er seine Flügel und flog zum nächsten Baum!

Der Händler verstand plötzlich das Geheimnis. «Süsse Sängerin, was war die Botschaft, die dich diesen Trick lehrte?»

«Er sagte mir, dass es der Charme meiner Stimme sei, die mich gefangen hielt. **Gib sie auf, und du wirst befreit!**»

Der Papagei erzählte dem Händler noch eine oder zwei spirituelle Wahrheiten. Und dann ein zartes «Auf Wiedersehen».

«Gott möge dich beschützen,» sagte der Händler, «die du nun auf deinem neuen Pfad gehst. Ich hoffe, dir einmal folgen zu können.»

## Draussen an der offenen Luft

Es gibt eine Art Nahrung
die man nicht durch den Mund aufnimmt.

Bisschen von Wissen, die die Liebe nähren.
Der Körper und die menschliche Persönlichkeit
bilden einen Kelch. Jedes Mal, wenn du jemanden triffst,
wird etwas hineingefüllt.

Wenn sich zwei Planeten nahekommen,
beeinflussen sie einander.

Ein Mann und eine Frau kommen zusammen,
und ein neuer Mensch erscheint.

Eisen und Stein kommen zusammen
und es sprüht Funken.

Der Regen schwemmt den Boden
und die Früchte werden saftig.

Menschen gehen in einen reifen Obstgarten
und Glück kehrt in ihre Seelen ein.

Aus dieser Freude erwächst Grossherzigkeit.

Vom An-der-frischen-Luftsein kommt der Appetit.

Die Röte in unserem Gesicht
kommt von der Sonne.

Es liegt eine Majestät in diesen Verbindungen,
eine Grösse, die eine unsichtbare Eigenschaft ist.

Die Sonne, die ich meine, ist Shams,
ich könnte nicht leben ohne sein Licht;

wie ein Fisch das Wasser braucht,
wie ein Arbeiter in seinem Werk sichtbar wird,
wie jedes Wesen auf der Matte des Absoluten grast.

Das Pferd von Mohammed, der Buraq,
arabische Hengste, und sogar Esel,
jedes Geschöpf grast hier,
ob es dies nun wisse oder nicht.

Husam, heile die Verrücktheit jener,
die auf die Sonne eifersüchtig sind!

Lege ihnen eine Salbe auf die Augen und lass sie sehen,
dass das, was sie wollen,
das Auslöschen von Licht ist!

## Schaffen im Unsichtbaren

Die Propheten wunderten sich jeweils:
«Wie lange müssen wir wohl das kalte Eisen hämmern?
Wie lange müssen wir in einen leeren Käfig flüstern?»
Jede Bewegung des Geschöpfes kommt vom Schöpfer.
Die erste Seele schubst, und deine zweite Seele antwortet.

So sei nicht scheu, lade das Schiff und fahr los. Niemand weiss auf
sicher, ob der Dampfer sinkt oder den Hafen erreicht.

Sei nur nicht einer jener Händler, die sich nie auf den Ozean getrauen.
Dies ist viel wichtiger als Geld zu gewinnen oder zu verlieren.
Dies ist deine Verbindung zu Gott.

Denk an die Befürchtungen und Hoffnungen, die du um deine
Lebendigkeit hast. Sie bringen dich dazu, jeden Tag pflichtbewusst
arbeiten zu gehen. Und dann schau, was die Propheten taten.

Abraham trug Feuer als Fussring. Moses sprach mit dem Meer.
David schmiedete Eisen. Salomon ritt auf dem Wind.
Arbeite in der unsichtbaren Welt mindestens so hart,
wie du dies in der sichtbaren Welt tust.

Sei ein Gefährte der Propheten, auch wenn dies niemand weiss,
nicht einmal die Helfer des Qutb, Abdal.
Du kannst dir nicht vorstellen, was für ein **Gewinn** kommen wird!

Sag nicht: «Aber wird es mich vielleicht verbrennen?
Wird es weh tun?»

## Die Nähe des Schatzes

Ein Mann, der nach einem spirituellen Schatz suchte,
fand ihn nicht, so betete er.

Eine Stimme in ihm sagte: «Dir wurde die Intuition
geschenkt, einen Pfeil abzuschiessen,
und dann zu graben, wo er gelandet ist.

Aber du schossest mit all deiner Schiesskunst.
Man sagte dir, den Bogen nur mit einem **Teil**
deiner Fähigkeiten zu spannen.

Wonach du suchst, ist näher
als die dicke Ader an deinem Hals!
Lass den Pfeil fallen.

Erschöpf dich nicht wie die Philosophen,
die sich anstrengen, die hohen Bogen
ihrer Gedankenpfeile zu schiessen.

Je mehr Fähigkeiten du nutzt,
desto weiter wirst du weg sein von dem,
was deine tiefste Liebe möchte.»

# Ein Rubin beim Sonnenaufgang

In den frühen Morgenstunden,
gerade vor dem Hellwerden,
erwachen Liebende und Geliebte
und nehmen einen Schluck Wasser.

Sie fragt: «Liebst du mich oder dich mehr?
Wahrlich, sage mir die absolute Wahrheit!»

Er sagt: «Es ist nichts von **mir** übriggeblieben.
Ich bin wie ein Rubin, den man gegen die aufgehende Sonne hält.
Ist er immer noch ein Stein, oder eine Welt aus Rot?
Er ist gegen das Sonnenlicht widerstandslos.»

Das ist so, wie Hallaj sagte: Ich bin Gott, und
damit die Wahrheit sagte! Der Rubin und der Sonnenaufgang
sind eins. Sei mutig und diszipliniere dich.

Werde ganz Gehör und Ohr, trage diesen Sonnenrubin als Ohrring.
Arbeite, grabe weiter am Brunnen. Denk nicht dran,
die Arbeit aufgeben zu können. Irgendwo gibt es Wasser.

Nimm eine tägliche Übung auf dich.
Deine Loyalität ihr gegenüber ist der Ring am Tor.
Klopfe weiter, und die Freude im Inneren
wird irgendwann ein Fenster öffnen und hinausschauen,
um zu sehen, wer da ist.

# Die vielen Weine

Gott gab uns einen dunklen Wein, so stark, dass wir,
wenn wir ihn trinken, die beiden Welten verlassen.
Gott tat in die Form des Haschisch eine Kraft,
die jenen, der es nimmt, vom Selbst-Bewusstsein befreit.

Gott schuf den Schlaf,
dass er jeden Gedanken auslöscht.
Gott machte, dass Majnun Layla so liebte,
dass nur schon ihr Hund in ihm Verwirrung verursachte.

Es gibt Tausende von Weinen, die dein Gemüt übernehmen.
Denk nicht, alle Ekstasen seien gleich!
Jesus war verloren in der Liebe zu Gott.
Sein Esel war betrunken von der Gerste.

Trink von der Gegenwart der Heiligen,
nicht von jenen anderen Krügen.
Jedes Objekt, jedes Wesen ist ein Krug voller Vergnügen.

Sei ein Kenner und probiere vorsichtig.
Jeder Wein macht dich beschwingt.
Urteile wie ein König und wähle die reinsten, jene,
die nicht mit Furcht vermischt sind,
oder mit einer Dringlichkeit darüber «was nötig ist.»

Trink den Wein, der dich bewegt,
wie ein Kamel sich bewegt,
wenn es losgebunden ist
und im Passgang läuft.

# DIE STADT SABA

Einmal herrschte in der Stadt Saba Überfluss. Jeder hatte
**mehr** als genug. Sogar die Badeheizer trugen goldene Gürtel.
Riesige Trauben von Weinbeeren hingen in jeder Strasse herunter
und bestrichen die Gesichter der Bürger.

Man konnte einen leeren Korb auf dem Kopf tragen und durch
irgendeine Ostgarten wandern, und er füllte sich selber
mit überreifer Frucht, die herunterfiel.

Strassenhunde streunten durch die Gassen voller Abfall, der
weggeworfen wurde, und schauten ihn kaum an. Der magere
Wüstenwolf bekam einen verdorbenen Magen vom vielen Essen.

Alle waren zufrieden und mehr als gesättigt von all dem Überfluss.
Es gab keine Diebe, niemand hatte Energie für Verbrechen,
oder für Dankbarkeit.

Und niemand war neugierig auf die unsichtbare Welt.
Den Leuten in Saba wurde nur schon langweilig, wenn das Wort
Prophezeiung **erwähnt** wurde. Sie hatten überhaupt keinen Wunsch,
vielleicht eine Art eitle Neugier auf Wunder, aber dies war alles.

Der Überreichtum ist eine subtile Krankheit.
Wer sie hat, ist blind für das, was falsch ist,
taub gegenüber jedem, der dies ausspricht.
Die Stadt Saba kann nicht verstanden werden aus sich selbst heraus!

Doch es gibt ein Mittel dagegen,
eine individuelle Medizin, keine soziale Kur.

Sitz ruhig und hör auf eine Stimme aus dem Inneren, die sagen wird:
**«Werde stiller.»**

Wenn dies geschieht,
wird deine Seele wieder lebendig werden.
Gib das Reden auf, und deine Machtpositionen.
Gib das überflüssige Geld auf.
Wende dich an die Lehrer und Propheten
die nicht in Saba leben.

Sie können dir helfen, wieder süss zu werden,
und duftend und wild und frisch,
und dankbar für jedes kleinste Ereignis.

## DREH DICH ZUR FREUNDLICHKEIT HIN

Jeder, der ehrlich und ausdauernd
mit beiden Händen etwas sucht, wird es finden.

Obwohl du lahm und krumm bist,
geh weiter auf den Freund zu.
Mit Sprache, mit Stille, mit Umherschnüffeln,
bleibe auf dem Pfad.

Wann immer eine Freundlichkeit zu dir kommt,
dreh dich dorthin,
auf die Quelle der Freundlichkeit zu.

Liebesdinge beginnen im Ozean.
Rastlosigkeit führt zur Ruhe.

# Eine Hochzeit bei Tagesanbruch

Weisst du, Bruder, dass du ein Prinz bist? Ein Sohn von Adam.
Und dass die Hexe von Kabul, die dich mit ihrer Farbe und
ihrem Duft festhält, die Welt ist? Sag das Wort:
«Ich nehme Zuflucht beim Herrn des Tagesanbruchs.»

Vermeide den heissen Atem, der dich an sie fesselt. Sie atmet
auf Knoten, und niemand kann diese Knoten lösen.
Aus diesem Grund sind die Propheten gekommen.

Suche jene, die einen kühlen Atem haben.
Wenn sie auf Knoten atmen, lösen sie sich.

Die alte Frau der Welt hatte dich sechzig Jahre
in ihrem Netz. Ihr Atem ist der Atem vom Ärger Gottes.
Doch hat Gottes Gnade mehr Stärke.
Gnade kommt vor Zorn.

Du musst deine Seele heiraten. Die Hochzeit ist der Weg.
Vereinigung mit der Welt ist Krankheit.

Aber es ist **hart,** von diesen Formen getrennt zu sein!
Wie kannst denn du **nicht** trinken von dem anderen Brunnen?

Du wirst ruhelos, sagst du, wenn du nicht von der Gärung dieser Welt
schlürfst. Doch wenn du nur für eine Sekunde die Schönheit
des klaren Wasser Gottes gesehen hast, dass das andere
einbalsamierende Flüssigkeit ist.

Die Nähe zum Geliebten ist der Glanz deines Lebens.
Heirate den Geliebten. Lass den Dorn des Ego
von deinem Fuss abgleiten.

Was für eine Befreiung, leer zu sein!
Dann kann Gott dein Leben leben.

Wenn du ans Gemüt und an die Wünsche gefesselt bleibst,
stolperst du im Dreck wie ein kurzsichtiger Esel.

Rieche weiter am Hemd von Josef.
sei nicht zufrieden mit geborgtem Licht.
Lass deine Brauen und dein Gesicht
aufleuchten in Vereinigung.

## Wie die Intelligenz deinen Geist berät

Im Bereich deines Bewusstseins
gibt es zwei Könige und zwei Berater.
Salomon und Asaf, Pharao und Haman.
Manchmal erzählt Moses deinem Pharao etwas so Zartes,
dass die Felsen davon Milch geben würden.

Und dann wird dein fieser Berater, Haman,
dessen Natur Hass ist, kommentieren:
«Hörst du jetzt schon auf Leute, die in Lumpen herumlaufen!»

Und das Glashaus der Liebessprache wird
durch den geworfenen Stein zusammengeschlagen.

Dein Salomon hat einen anderen Berater. Mit diesen beiden ist
**Licht auf Licht,** zwei Düfte, die sich mischen.
Der innere König ist dein Geist,
der innere Berater, deine Intelligenz.

Wenn jener Berater sich vor deiner Sinnlichkeit verneigt,
ist der Rat giftig, doch wenn er weiter schaut als die
Befriedigung von dem, was gerade jetzt das Bedürfnis ist,
dann bist du verbunden mit Salomon.

Denk nicht, dies seien ja bloss Namen! Sie sind Wirklichkeiten.
Entdecke sie. Jeden Morgen kommt Salomon zur Moschee,
die nicht mit Händen gebaut ist, und sieht eine neue Pflanze,
die dort wächst. Er fragt: «Bist du eine Medizin?
Was ist dein Name und deine Nützlichkeit?»

Jeden Morgen beschreibt ihm die Pflanze ihre Natur:
«Ich bin hilfreich für diesen Zustand, und schädlich für jenen,
und dies ist mein Name auf der unsichtbaren Tablette.

Salomon gibt die Informationen an seine Ärzte weiter,
und sie schreiben diese auf, so dass der Körper
vom Schmerz befreit werden kann.

Das Wissen von Medizin und von Astronomie
kommt so von der universellen Intelligenz,
nicht von einem einzelnen Gemüt.

Alle Werkzeuge und Fähigkeiten sind
von dieser grösseren Intelligenz geschenkt
und dann vom individuellen Gemüt verändert worden.

Lerne von Salomon,
lass dich von ihm in die Lehre nehmen.

Meistere die Fähigkeit,
die er lehrt,
und dann übe sie.

## Körper-Intelligenz

Deine Intelligenz ist immer mit dir und bewacht deinen Körper,
auch wenn du vielleicht ihre Arbeit gar nicht erkennst.

Wenn du etwas gegen deine Gesundheit tust,
wird dich deine Intelligenz deswegen ausschimpfen.
Wenn sie nicht immer so liebevoll nahe wäre,
und so aufmerksam beobachten würde,
wie könnte sie dann schimpfen?

Du und deine Intelligenz sind
wie die Schönheit und Präzision eines Astrolaboratoriums.
Zusammen berechnet ihr, wie nahe die Existenz bei der Sonne ist.
Deine Intelligenz ist so wunderbar intim.
Sie ist weder vor noch hinter dir, weder links noch rechts.

Und, mein Freund, versuche jetzt zu beschreiben,
wie nahe der Schöpfer bei deinem Intellekt ist!
Intellektuelles Suchen wird diesen Weg zu jenem König nicht finden!

Die Bewegung deines Fingers ist nicht getrennt von deinem Finger.
Du gehst schlafen, oder du stirbst,
dann gibt es keine intelligente Bewegung.

Dann erwachst du, und deine Finger werden voller Bedeutung.
Nun betrachte die Juwelen-Lichter in deinen Augen.
Wie arbeiten **die**?

Das sichtbare Universum kennt viele Wetterformen und Variationen.
Doch Onkel, o Onkel, das Universum des Schöpferwortes,
der göttliche Befehl **Sei**, das Universum der Eigenschaften, ist jenseits
von allem Draufzeigen.

Intelligenter als der Intellekt, spiritueller als der Geist.
Kein Wesen ist **nicht** verbunden mit dieser Realität,
und die Verbindung kann nicht beschrieben werden.
**Dort,** dort gibt es keine Trennung und keine Rückkehr.

Es gibt Führer, die dir den Weg zeigen können. Nutze sie.
Doch werden sie deine Sehnsucht nicht befriedigen.
Bleib dabei, die Verbindung zu wollen,
mit all deiner pulsierenden Energie.

Die klopfende Ader wird dich weiterbringen als alles Denken.

Mohammed sagte: **«Theoretisiere nicht über Essenz!»**
Alle Spekulationen **sind** nur noch mehr Schichten von Bedeckungen.
Die Menschen lieben Bedeckungen.

Sie meinen, die Zeichnungen auf den Vorhängen
seien das, was verborgen ist.

Betrachte die Wunder, wenn sie um dich herum geschehen.
Verlange nicht danach. Fühl die Kunst, die sich durch sie
bewegt, und schweige.

Oder sag: «Ich kann dich nicht so loben, wie du gelobt werden solltest.
Solche Worte sind unendlich höher als mein Verständnis.»

# DAS, WAS WIR JETZT HABEN

Das, was wir jetzt haben
ist nicht Einbildung.

Das ist nicht Kummer oder Freude.
Weder ein urteilender Zustand
noch eine Begeisterung oder Traurigkeit.

Diese kommen und gehen.
Dies ist die Gegenwart, die dies nicht tut.

Es ist Tagesanbruch, Husam, da,
im Glanz der Koralle, im Inneren des Freundes,
die einfache Wahrheit
von dem, was Hallaj sagte.

Was könnten sich Menschen sonst noch wünschen?
Wenn sich die Trauben in Wein verwandeln, wollen sie dies.

Wenn der Nachthimmel vorbeifliesst,
ist er wirklich ein Haufen Bettler,
und alle wollen etwas davon.

Das, was wir jetzt sind, erschuf der Körper,
jede einzelne Zelle, wie Bienen, die den Bienenstock bauen.

Der menschliche Körper und das Universum
sind aus dem heraus gewachsen, nicht dies
aus dem Universum und dem menschlichen Körper.

## Freude bei einer plötzlichen Enttäuschung

Was immer auch kommt, es kommt aus einem Bedürfnis heraus,
einem wunden Kummer, einem schmerzenden Wunsch.
Die Schmerzen Marias brachten das Baby Jesus hervor.
Ihr Schoss öffnete seine Lippen und sagte das Wort.

Jeder Teil von dir hat eine verborgene Sprache.
Deine Hände und Füsse sagen, was du getan hast.
Und jede Not bringt das hinein, was notwendig ist.
Schmerz trägt seine Heilung in sich wie ein Kind.

Wenn wir nichts haben, bringt dies Vorräte.
Frage eine schwierige Frage, und eine wunderbare Antwort erscheint.
Bau ein Schiff, und das Wasser wird kommen, es flott zu machen.
Das zarte Stimmchen des Kleinkindes schreit,
und die Milch tropft von der Mutterbrust.

Sei durstig nach dem höchsten Wasser, und sei dann bereit
für jenen Willen, der von diesem Brunnen fliesst.

Eine Dorffrau ging einmal neben Mohammed.
Sie meinte, er sei einfach ein gewöhnlicher Analphabet.
Sie glaubte nicht, dass er der Prophet sei.
Sie trug ein zwei Monate altes Kind.
Als sie näher zu Mohammed kam, drehte sich das Baby um
und sagte: «Friede sei mit dir, Botschafter Gottes.»
Die Mutter begann zu schreien, überrascht und wütend:
«Was sagst du, und weshalb kannst du plötzlich sprechen?»

Das Kind sagte: «Gott hat mich zuerst gelehrt, und dann Gabriel.»
«Wer ist Gabriel? Ich sehe niemanden.» «Er ist über deinem Haupt,
Mutter. Schau, dreh dich um. Er hat mir viele Dinge erzählt.»

«Siehst du ihn wirklich?»
«Ja. Er bringt mich immer und immer wieder
aus diesem erniedrigenden Zustand in die Grossartigkeit.»


Mohammed fragte dann das Kind: «Wie ist dein Name?»
«Abdul Aziz, der Diener Gottes, doch denkt meine Familie,
dass ich mich mit Welt-Energie beschäftige. Ich bin so frei davon,
wie es die Wahrheit deiner Prophezeiung ist».
So sprach der Kleine, und seine Mutter nahm einen Duft auf,
der sie in diesem Zustand aufgehen liess.


Wenn Gott Wissen schenkt, füllen sich leblose Steine,
Pflanzen, Tiere, alles, mit entfaltender Bedeutung.
Die Fische und die Vögel werden Beschützer.
Erinnere dich an das Ereignis von Mohammed und dem Adler.


Es geschah, als der dem inspirierten Kleinkind zuhörte,
da vernahm er eine Stimme, die ihn zum Gebet rief.
Er verlangte nach Wasser, um die Waschungen vorzunehmen.
Er wusch seine Hände und Füsse, und gerade als er nach seinem
Schuh griff, schnappte ein Adler ihm diesen weg.


Der Schuh kippte um, als er aufflog, und eine Giftschlange fiel daraus.
Der Adler kreiste, brachte den Schuh zurück und sagte:
«Meine hilflose Verehrung für dich hat dies notwendig gemacht.
Irgendjemand, der sich anmasst, das Gleiche aus anderen Gründen zu
tun, soll bestraft werden.»


Mohammed dankte dem Adler und sagte: «Ich meinte,
es sei Grobheit, doch in Wirklichkeit ist es Liebe.
Du hast mir meinen Kummer genommen,
und ich war in Kummer! Gott hat mir alles gezeigt,
doch in jenem Augenblick machte ich mir Sorgen».

Der Adler sagte: «Doch, Auserwählter, jede Klarheit,
die ich habe, kommt ja von dir!»

Die Ausstrahlung, die von einem Wahren Menschen ausgeht,
ist sehr wichtig. Schau dich sorgfältig um und erkenne die
Leuchtkraft der Seele. Setze dich in die Nähe von jenen,
die dich dorthin ziehen. Lerne aus dieser Adler-Geschichte,
dass wenn Unglück kommt, du schnell beten solltest.

Andere sagen vielleicht **O nein**,
doch du wirst dich öffnen wie eine Rose,
die sich selber Blatt um Blatt verliert.

Einmal fragte jemand einen grossen Scheich, was Sufismus sei.
«Das Gefühl von Freude, wenn eine plötzliche Enttäuschung kommt.»

Der Adler trägt Mohammeds Schuh davon
und rettet ihn so vor dem Schlangenbiss.

Trauere nicht darum, was nicht kommt.

Einige Dinge, die nicht geschehen,
bewahren manchmal Katastrophen davor
zu geschehen.

# Nachts

Nachts befreist du unseren Geist
vom Körper und seinen Fesseln
und machst ihn wieder rein und klar
wie eine unbeschriebene Tafel.

Nachts entlässt du den Geist
aus seinem Käfig. Er ist frei
und wird auch nicht von ihm beherrscht.

Nachts weiss kein Gefangener mehr,
dass ein Gefängnis ihn umschliesst.

Nachts, o Schlaf, weiss sogar ein König
nichts mehr von seiner Majestät.

Nachts denkt keiner an Gewinn
und sorgt sich nicht um Verlust.

Nachts fragt keiner, welche Ehre
er diesem oder jenem schuldig sei.

# BESCHEIDEN UND AKTIV

Der Spruch: **Was immer Gott will, wird geschehen**, hört nicht auf
mit dem Zusatz: «Deshalb tue nichts.» Er bedeutet vielmehr:
**«Vergiss dich, und mach dich bereit zu helfen.»**

Wenn man dir gesagt hätte, dass alles, was du dir wünschst,
Wirklichkeit wird, und wenn du es unterlassen hättest,
etwas zu tun, sei dies kein Problem, weil es sowieso geschehen würde,
irgendwie.

Doch stattdessen sagte man dir, was immer Gott will, wird geschehen.

Bleib also wach, und ganz in der Nähe, wie ein Arbeiter,
der auf seinen Einsatz wartet, was immer es auch zu tun geben wird.

Deine Einstellung war eine Verdrehung des Spruches.
Wie du einen richtigen Kommentar
von einem falschen unterscheiden kannst, geht so:

Welche Erklärung auch immer: Wenn sie dich leidenschaftlich und
hoffnungsvoll macht, bescheiden und **aktiv**, das ist die richtige.
Wenn sie dich faul und träge macht, ist es nicht die richtige.

Befrage den **Qur´an** über den **Qur´an**, befrage die **Bibel** über die **Bibel**,
nicht irgend einen ausgebrannten Intellektuellen. Oder frage
jemanden, der in der Essenz drin verschwunden ist beim Schreiben.

Es gibt Öl, das vollkommen gesättigt ist von Rosen.
Riech daran, oder an der Rose, welche von beiden auch immer.

## Einzahl und mehrzahl

Wie die Menschen einen grösseren Intellekt als Tiere haben,
so haben Wahre Menschen eine intelligente Seele
jenseits der gewöhnlichen Wahrnehmung,
und es ist alles eins, ihr Wissen und ihr Tun.

David baute den Tempel nicht.
Sein Sohn Salomon tat dies,
doch baute auch David ihn!

Wir sprechen von Heiligen und Propheten
und Erwachte in der Mehrzahl,
doch ist es nicht so.

Hunde und Wölfe wetteifern
und sind grundverschieden,
doch die Löwen Gottes haben nur Eine Seele.

# Die lehrreiche Verrückheit des Dhu´l Nun

Ein paar Freunde von Dhu´l Nun, dem Ägypter,
gingen ihn besuchen. Sie hörten, dass er so
richtig spektakulär verrückt geworden sei.

Dass er ein Wildfeuer geworden sei, das keiner zurückhalten könne,
jener Mann, der eine solche Quelle der Weisheit war.

Sie kamen zu seinem Haus. Er brüllte: «He, passt besser auf,
ob ihr wirklich herkommen wollte. Wer seid Ihr?»
«Erinnerst du du dich nicht an uns? Wir sind deine Freunde!
Welches Geheimnis verbirgst du mit deiner Verrücktheit?»

Dhu´l Nun begann zu wettern in einem Gemisch
von unflätiger Sprache und Geschnatter.

Er rannte hinaus und las Steine auf,
die er der Gruppe nachwarf. Diese rannten davon.

«Seht ihr» rief er. «Ihr seid keine Freunde.
Ein Freund rennt nicht vor den Schmerzen davon,
die ihm ein Freund zufügt.»

Es gibt eine Freude im Leid drin, den Kern der Freundschaft.
Ein Freund ist pures Gold, der singt,
mitten im reinigenden Feuer drin.

Er gedeiht in Kämpfen und Missverständnissen,
und sogar in Verrücktheit.

# KÖNIGE MIT IHREN HOLZSTÖCKEN

Eine Grupppe von Königen diskutierte mit Mohammed. «Du bist
ein König wie wir, doch anerkennst du unsere Macht nicht. Teile dein
Königreich mit uns, genauso wie wir die Macht über die Welt unter
uns aufteilen.»

«Gott hat euch anderes gegeben als mir».
Bei diesen Worten tauchte eine Wolke auf, und es gab
schreckliche Überschwemmungen. Die Könige warfen ihre Szepter
dem Wasser nach, und ihre Autoritätssymbole wurden
weggeschwemmt wie ein Strohhalm.

Dann warf der Prophet seinen Stab, dieser stand in der Flut
gerade wie ein Wachtposten, und das Wasser ging zurück
und wurde sanft.

Die Könige verneigten sich und gestanden dem Propheten
ihre Fehler ein, alle ausser dreien, die dachten, dies sei
ein geheimer Trick.

Wann immer du dich fragst, wie prophetische Majestät sich
von politischem Königtum unterscheidet, denk an die Holzstäbe,
die in den Fluten verlorengingen wie so viele vergessene Potentaten.

Dann erinnere dich an die beruhigende Gegenwart
von Mohammed, der immer noch hier ist.

# WAS IST EIN LIEBENDER?

Einer, der keine Beweggründe hat,
wenn er mit allem spielt und das tut,
was nicht Teil irgend einer Religion ist.

Keine gewöhnliche Verrücktheit, diese.
Wenn sie über einen Arzt käme,
würde er seine medizinischen Bücher
mit Tränen verschmieren.

Alle Medizin sind nur Bilder
der Liebe des Liebenden,

sein Gesicht schaut nach innen,
mit nichts anderem als dem einzigen DU.

Die Spitze des Gebetsteppichs
dreht sich dem Zentrum zu
wo du kniest.

Ruf laut: **Herr,**
und höre darin,
**Bin ich nicht ...?**

## DER KORNBODEN

Ein Sufi war einmal auf der Wanderung durch die Welt.
Eines Nachts kam er als Gast zu einer Gemeinschaft von Sufis.
Er machte seinen Esel im Stall fest und wurde dann
vom Oberhaupt der Dais willkommen geheissen.

Sie traten in tiefe Meditation und mystische Verbindung ein,
er und seine Freunde. Für solche Leute gibt die Gegenwart einer
Person mehr zu lernen als ein Buch. Das Buch eines Sufis ist nicht aus
Tinte und dem Alphabet. Ein Schüler liebt und lebt die Zeichen der
Schreibfeder weiter.

Ein Sufi liebt Fussspuren! Er sieht diese und steckt sein Spiel ab.
Zuerst sieht er die Hinweise. Nach einer gewissen Zeit kann er dem
Duft folgen. Ein Mensch, der sich dem Göttlichen öffnet,
ist wie ein Tor für den Sufi.

Was anderen wie ein wertloser Stein vorkommen mag,
ist für ihn eine Perle. Du siehst sein Bild deutlich im Spiegel.
Ein Scheich sieht in einem weggeworfenen Backstein mehr als das.
Sufimeister sind jene, deren Geist schon vor der Welt existierte.
Vor dem Körper lebten sie schon viele Leben.

Als ein paar Engel sich gegen die Schöpfung auflehnten,
lachten die Sufi-Scheichs und klatschten in ihrer Runde.
Vor der Materialität wussten sie, was es heisst,
in der Materie gefangen zu sein. Bevor es den Nachthimmel gab,
sahen sie Saturn. Vor den Getreidekörnern kosteten sie das Brot.
Ohne Gemüt dachten sie.

Unmittelbare Intuition ist für sie der einfachste Akt des Bewusstseins,
was für andere das Dreikönigsfest wäre. Viele unserer Gedanken sind
in der Vergangenheit oder in der Zukunft. Sie sind frei davon.

Bevor eine Mine gegraben wird, beurteilen sie Münzen.

Vor dem Weinberg kennen sie die Entzücken,
die kommen werden. Im Juli spüren sie den Dezember.
Im ungebrochenen Sonnenlicht finden sie Schatten.
In **Fana**, dem Zustand, in dem sich alle Objekte auflösen,
erkennen sie Objekt.
Der offene Himmel trinkt von ihren kreisenden Bechern.
Die Sonne trägt das Gold ihrer Grossherzigkeit.

Wenn zwei von ihnen sich treffen, sind sie nicht länger zwei.
Sie sind eins und sechshunderttausend.

Die Ozeanwellen sind das, was ihnen am ähnlichsten ist,
wenn der Wind aus der Einheit Vielfalt schafft.
Dies ist auch mit der Sonne geschehen, und sie brach in Strahlen auf,
durch die Fenster, in den Körper hinein.

Die Sonnenscheibe existiert wirklich, doch wenn du nur die
Strahlenkörper siehst, wirst du deine Zweifel haben.
Die menschlich-göttliche Kombination ist eine Einheit.
Pluralität ist die scheinbare Trennung in Strahlen.

Freund, wir reisen zusammen. Wirf deine Müdigkeit weg.
Lass mich dir einen kleinen Flecken der Schönheit zeigen,
über den man nicht sprechen kann.

Ich bin wie eine Ameise, die auf den Kornboden gekommen ist,
lächerlich glücklich, und versuche ein Korn herauszuschleppen,
das viel zu gross ist.

## Handwerkskönnen und Leere

Ich sagte vorher, dass jeder Handwerker nach dem sucht,
was nicht da ist, um sein Handwerk auszuüben. Ein Baumeister sucht
nach dem verrotteten Loch, worin das Dach gebaut werden kann.
Ein Wasserträger hebt den leeren Topf auf.
Ein Zimmermann hält beim Haus, das keine Türe hat.

Arbeiter rennen nach einem Hinweis von Leere, die sie dann
aufzufüllen beginnen. Ihre Hoffnung ist jedoch nach der Leere,
so denke nicht, du müssest sie vermeiden.
Sie enthält das, was du brauchst!

Liebe Seele, wenn du nicht Freund wärest
mit dem weiten Nichts im Inneren,
warum wärfest du immer dein Netz aus dort drin
und wartetest so geduldig?
Jener unsichtbare Ozean hat dir so im Überfluss gegeben,
und trotzdem nennst du ihn immer noch ‹Tod›,
jener, der dir Nahrung und Arbeit gibt.

Gott erlaubte, dass ein paar magische Verdrehungen geschahen,
so dass du den Skorpionstachel als Wunschziel siehst,
und die wunderbare weite Fläche um ihn herum als gefährlich
betrachtest, sie sei voller Schlangen.

So seltsam ist deine Angst vor Tod und Leere,
und so verdreht das Anhangen an das, was du willst.

Jetzt, da du mich reden hörtest über deine Fehleinschätzungen,
lieber Freund, hör die Geschichte von Attar zum gleichen Thema.

Er verbreitete eine Perlenkette davon über den König Mahmud,
dass unter der Beute seines Indienfeldzuges ein Hinduknabe gewesen

sei, den er als Sohn adoptiert habe. Er habe den Knaben königlich
versorgt und erzogen und ihn später zum Vizekönig gemacht,
auf einem Goldthron neben ihm.

Eines Tages habe er den jungen Mann angetroffen, als dieser weinte.
«Weshalb weinst du? Du bist der Gefährte eines Herrschers!
Die ganze Nation ist vor dir aufgefächtert
wie Sterne, die du befehlen kannst!»

Der junge Mann gab zur Antwort:
«Ich erinnere mich an meine Mutter und meinen Vater,
und wie sie mich als Kind vor dir warnten!
Uh, Oh, er geht an den Hof von König Mahmud!
Nichts könnte höllischer sein als dies!
Wo sind sie jetzt, wo sie mich doch hier sitzen sehen sollten?»

Die Szene beschreibt die Angst vor Veränderung.
Du bist der Hinduknabe.
**Mahmud** bedeutet: **Lob bis zum Ende**,
und ist die Armut im Geist, oder die Leere.

Die Mutter und der Vater sind deine Verhaftungen an
Glaubensformen und Blutsbindungen, an Begierden
und beruhigende Gewohnheiten. Hör nicht auf sie!
Sie scheinen zu beschützen, doch machen sie gefangen.
Sie sind deine schlimmsten Feinde.
Sie machen dir Angst, in der Leere zu leben.

Eines Tages wirst du Tränen des Glücks weinen an diesem Hof,
und dich an deine Eltern erinnern, die falsch lagen.
Sei dir klar, dass dein Körper den Geist ernährt,
ihm wachsen hilft und ihm dann falschen Rat erteilt.
Der Körper wird mit der Zeit
wie ein Kettenhemd in friedlichen Jahren,
zu heiss im Sommer und zu kalt im Winter.

Doch sind die Begierden des Körpers, auf eine andere Art,
wie ein unvorhersehbarer Begleiter,
mit dem du geduldig sein musst.
Und der Begleiter ist hilfreich, weil Geduld deine Fähigkeit
zu lieben und Frieden zu empfinden erweitert.

Die Geduld der Rose, die nahe beim Dorn wächst, erhält sie duftend.
Es ist die Geduld, die einem jungen Kamelhengst
auch in seinem dritten Lebensjahr noch Milch gibt,
und Geduld ist es, was die Propheten uns zeigen.

Die Schönheit einer sorgfältigen Naht auf dem Hemd
ist die Geduld, die in ihr enthalten ist.
Freundschaft und Treue haben Geduld als Stärke ihrer Verbindung.

Wenn du dich einsam und jämmerlich fühlst, deutet dies
darauf hin, dass du nicht geduldig warst. Sei mit jenen,
die sich mit Gott verbinden, wie der Honig dies mit der Milch tut,
und sage:

«Alles, was kommt und geht, aufsteigt und fällt,
ist nicht das, was ich liebe.»

Lebe im EINEN, das die Propheten erschaffen haben,
sonst wirst du wie ein Karawanenfeuer sein,
das neben der Strasse noch allein ausbrennt.

# WAS IST DER PFAD?

Ein selbstaufopfernder Pfad,
aber auch ein Krieger-Pfad,
und nicht für spröde,
leicht zerbrechliche Glasflaschen-Leute.

Die Seele wird da geprüft durch blanken Terror,
wie ein Sieb aussiebt und das Echte vom Falschen trennt.

Und die Strasse ist voller Fussabdrücke!
Gefährten sind vorher hier vorbeigekommen.
Sie sind deine Leitern. Benutze sie!

Ohne sie hättest du die Geist-Beweglichkeit nicht,
die du brauchst. Sogar ein dumpfer Esel,
der die Wüste durchquert, wird
leichtfüssig mit anderen seiner Art.

Geh mit der Karawane. Allein wirst du
hundertmal müder, und du fällst zurück.

## Nach der Meditation

Jetzt sehe ich in meinen Zuhörern etwas, darum kann ich so nicht weiterfahren. Der Ozean fliesst wieder zurück, macht eine Schaumbarriere, dann zieht er sich zurück. Nach einer Weile wird er wieder kommen.

Die Zuhörer wollen mehr hören über den Sufi auf Besuch und seine Freunde in Meditation. Sei jedoch aufmerksam. Denk noch darüber wie eine normale Figur in einer gewöhnlichen Geschichte.

Die ekstatische Meditation war zu Ende. Teller mit Essen wurden gebracht. Der Sufi dachte an seinen Esel, der ihn den ganzen Tag getragen hatte. Er rief einen Diener herbei: «Bitte geh in den Stall und mische viel Gerste unter das Stroh des Tieres. Bitte.»

«Kümmern Sie sich nicht um solche Dinge. Für alles wurde gesorgt.» «Aber ich wollte sicher sein, dass du die Gerste zuerst anfeuchtest. Er ist ein alter Esel, und seine Zähne wackeln.»

«Warum sagen Sie mir dies? Ich habe die entsprechenden Befehle schon gegeben.» «Aber hast du ihm den Sattel sanft abgenommen, und Salbe auf die Wunde getan, die er hat?»

«Ich habe tausende Gäste mit solchen Schwierigkeiten bedient, und alle gingen zufrieden. Hier werden Sie wie ein Familienmitglied behandelt. Sorgen sie sich nicht. Geniessen Sie´s.»

«Aber hast du ihm das Wasser etwas gewärmt, und dann nur etwas Stroh unter die Gerste gemischt?» «Mein Herr, ich schäme mich für Sie.» «Und bitte, putze den Stall vo Steinen und Mist sauber, und streu noch etwas trockene Erde hinein.»

«Um Himmelswillen, mein Herr, überlassen Sie die Arbeit **mir!**»

«Und hast du seinen Rücken gestriegelt? Er liebt das.»
«Mein Herr, ich bin **persönlich** verantwortlich für all die Aufgaben!»

Der Diener drehte sich um und ging mit schnellen Schritten hinaus...
und traf dann seine Freunde auf der Strasse.

Dann ging der Sufi schlafen und träumte schlimme Träume von seinem Esel, dieser sei von einem Wolf in Stücke gerissen oder hilflos in den Graben gefallen.

Und sein Traum war wahr! Sein Esel wurde total vernachlässigt, schwach und schnappte nach Luft, ohne Futter und Wasser, die ganze Nacht. Der Diener hatte gar nichts getan von dem, was er gesagt hatte.

Es gibt so brutale und leere Schmeichler in deinem Leben.
Tu eine sorgfältige, eselspflegende Arbeit.
Vertraue diese niemand anderem an.

Es gibt Heuchler, die dich loben,
die sich aber nicht um die Gesundheit
deines Herz-Esels kümmern.

Sei konzentriert und **löwengleich**,
in der Jagd nach dem, was deine wahre Nahrung ist.
Lass dich nicht von irgend einem
Verweichlich-Lärm ablenken.

## Die Arbeitskleider von Ayaz

Ayaz, der Sklave Gottes, sagte zu König Mahmud
über die Kraft der Hingabe von Bestami dies:

«Ein Tropfen davon könnte einen Ozean aufnehmen,
wie ganze Wälder in einem Blitz verschwinden,
wie irgendeine falsche Ego-Phantasie in einem König
eine ganze Armee zerstört,
wie der Stern Mohammeds aufging,
und jener von Zarathustra wegsank.

Doch sind die Bilder provisorisch und vorübergehend.
Kein **Ding** kann Bestamis Stücklein des Göttlichen beschreiben.
Wenn ich es ‹Sonne› nenne, habe ich Gründe dafür,
die verborgen bleiben müssen vor dir, Mahmud,
mit deiner Liebe für weltliche Königreiche.
Der Schaum, der über den Sand bläst, versteht
die Zugkraft des Ozeans nicht mehr.»

«Dann erzähl mir doch», sagte König Mahmud, «von deinen Arbeits-
schuhen  und der alten Schaffell-Jacke, die du so in Ehren hältst. Dein
Glaube und dein Sklaven-Dasein haben sich zu einer solch tiefen und
geheimnisvollen Schönheit verbunden, dass du uns freie Menschen
dazu bringst, Sklaven werden zu wollen.»

Ayaz sagte über die Schuhe: «Mohammed sagte: **Wer sich selbst
kennt, kennt Gott**. Wenn ich mich vor diesen Schuhen und vor
dieser Jacke verneige, sehe ich, was mir die Welt gegeben hat,
den Körper mit ausgetretenen Schuhen und nützlichen Kleidern.

Alles andere, was ich bin, ist ein Geschenk Gottes.
Die Arbeitskleider helfen mir, mich an die Nacktheit zu erinnern,
die den Körper trägt.»

# ÖFFNUNG

Jemand fragte einmal einen Priester. «Wenn ein Vogel
auf der Stadtmauer landet, was ist dann bewundernswerter,
sein Kopf oder sein Schwanz?»

Er antwortete so, wie es der Mann hören wollte:
«Wenn er gegen das Stadtinnere schaut, der Kopf,
doch wenn er in die Wüste hinausschaut,
ist sogar das bisschen Staub auf seinem Schwanz besser.
Es kommt auf die Absicht an.»

Ein Liebender mag finster aussehen bei guten und bösen Taten,
doch betrachte nur seine Bestrebungen.
Ein Falke mag elegant wild aussehen,
doch schau, wenn er eine Maus sieht.
Es gibt Eulen, die den Unterarm des Königs vorziehen.
Urteile nicht nach irgend einer äusseren, verdeckten Form.

Ein paar Menschen, nicht grösser als ein Wassertrog,
den man aus einem Baumstamm gehöhlt hat,
sind eine grössere Herrlichkeit als ein Universum von Sternen.

**Wir haben dich geehrt**, heisst es im **Qur´an**.
Ein Mensch in grossem Kummer hörte dies von Gott!

Die Schönheit und Eleganz und Klarheit und Liebe,
die wir haben, sind es wert, höheren Ebenen als
den sichtbaren angeboten zu werden.

Gefallen dir die Bilder an der Wand des Badehauses? Nein.
Dann geh dort hinaus und rede mit einer halbblinden alten Frau.

Was ist in ihr, das nicht in den Bildern ist?

ich sage es dir. Wahrnehmung und Seele.
In einer **lebendigen** alten blinden Frau
ist es ein Gemisch von Körper und Geist.

Was ist die Seele? Eine Freude, wenn Freundlichkeit kommt,
ein Weinen bei der Verletzung, ein wachsendes Bewusstsein.

Je mehr wir wahrnehmen, desto näher sind wir bei Gott.
Es gibt bestimmte Ebenen der Seele. Die erste gehört
den Phänomenen, ein aufgelegtes Spiel im Hof,
bei dem Menschliches und Göttliches vermischt sind.

Was in der inneren Essenz der Seele geschieht,
ist das Theater Gottes!

Engel hat man vollkommen ätherisch gesehen, bis zu Adam.
Dann schienen die Engel dichter als ein Mensch.

Sie verneigten sich vor ihm, alle ausser Satan.
Er war wie eine gebrochene Hand,
die nicht auf den Geist des Körpers antwortete.
Der Geist selber ist nicht gebrochen, nur das tote Glied,
und es kann wieder ins Leben zurückgebracht werden.

Es gibt noch mehr Geheimnisse zu erzählen, doch wer hört zu?
Gewisse Papageien essen tiefe Süssigkeiten.
Andere schliessen die Augen und wenden sich ab.

Seelen-Wirklichkeit ist nicht einfach Sprachrhythmus und gescheite
Reime. Jemand, der wie ein Derwisch aussieht, ist vielleicht gar keiner.

Es gibt ein Siegel auf dem Mund, das öffnet,
Schlösser, die zu lange geschlossen waren,
die sich öffnen mit dem
**Wir haben dich geöffnet.**

«Zeig den Weg» in dieser Welt wird zu
«Zeig ihnen den Mond» in der anderen.

Beide Tore öffnen sich nun.
Das Siegel ist der, der das Siegel öffnet,
wie wenn du zu einem Handwerksmeister sagst:
«Sie haben die Gussform in dir aufgebrochen.»

Es ist Offenbarung in der Offenbarung in der Offenbarung,
ein grosszügiges Geben von Seelen-Wachstum.

In Baghdad, oder Herat, oder Rayy, es kommt nicht darauf an,
der Rosen-Ast lässt die gleiche Rose viele Male erblühen.

In den Weinkrügen sprudelt in der ganzen Stadt der gleiche Wein.
Licht im Westen oder aus dem Osten ist die gleiche Sonne.


## DER TRICK MIT DEM TRAUBEN AUFTAUEN

Ich rede hart mit dir, um dich von deiner Gemeinheit
zu befreien, wie gefrorene Trauben auftauen,
wenn man **kaltes** Wasser über sie leert.
Dies löst die Härte und die Bitterkeit in ihnen.

Mit etwas Schimpfen wärmst du auf,
und das süsse Trauben-Blut kommt zurück.

# DER HUND AN DER TÜRSCHWELLE

So ist es, wenn deine Tier-Energie,
das **Nafs**, deine Seele beherrscht:


Du hast ein Stück feines Leinen, aus dem du einen Mantel machen
willst, um ihn einem Freund zu geben, doch jemand anders
nimmt es und macht ein Paar Hosen daraus.


Das Leinen hat keine Wahl in dieser Sache, es muss sich darin fügen.
Oder es ist, wie wenn jemand in dein Haus einbricht,
in den Garten geht und Dornbüsche hineinpflanzt.
Eine hässliche Erniedrigung fällt auf diesen Ort.


Oder, du siehst den Hund eines Nomaden,
der beim Zelteingang liegt, mit dem Kopf
auf der Schwelle und mit geschlossenen Augen.
Kinder ziehen ihn am Schwanz und greifen ihm ins Gesicht,
doch er bewegt sich nicht. Er liebt die Aufmerksamkeit
der Kinder und bleibt darum sanft in seinem Inneren.


Aber wenn ein Fremder vorbeigeht, springt er wild auf.
Und was wäre, wenn der Hundebesitzer
ihn nicht zurückhalten könnte?


Ein armer Derwisch kommt vielleicht vorbei: Der Hund stürmt hervor.
Der Derwisch sagt: «Ich nehme Zuflucht zu Gott, wenn der Hund der
Arroganz angreift,» und der Besitzer muss sagen: «Ich auch! Ich bin
hilflos gegenüber dem Tier, sogar in meinem eigenen Haus! Genauso
wie du nicht näher kommen kannst, so kann ich nicht hinaus!»


So wird die Tier-Energie monströs und ruiniert die Frische und die
Schönheit deines Lebens. Warum nimmst du den Hund nicht mit
zum Jagen? Du wärest die Beute, die gejagt wird.

# WAS IMMER DU SIEHST, ZU DEM WIRST DU

Schiiten in Aleppo trafen sich einmal beim Stadttor, an einem be-
stimmten Tag, um sich an den Neffen des Propheten zu erinnern,
an Husayn und all jene, die in der Schlacht von Kerbala gefallen waren.
Die Wüste erfüllte sich mit Wehklagen.

Ein Fremder, ein Dichter, kam vorbei. Er wusste nichts von dem Brauch.
«Jemand sehr Wichtiger muss gestorben sein!» «Spinnst du?» rief
jemand aus der Menge. «Dies ist der Tag, an der wir um eine einzige
Seele trauern, grösser als ganze Generationen!»

Der Dichter gab zurück: «So ist eines der königlichen Wesen
aus seinem Gefängnis entwichen! Warum trauern?
Husayn und seine Familie gingen zu Mohammed.
Wenn ihr dies wirklich wisst, warum jubelt ihr nicht?
Wenn ihr den Fluss gerade neben euch seht,
seid nicht knauserig mit dem Wasser!»

Eine Ameise schleppt ihr einzelnes Korn voller Angst,
blind für die Weite des Dreschbodens, auf dem sie läuft.
Der Besitzer der Ernte schaut auf die zitternde Ameise herunter.
«He, was meinst du zu dem Korn da drüben, oder jenem dort?
Warum hängst du so an deinem besonderen Korn?»

So sind wir, bevor wir erkennen, dass wir nicht dieser Körper sind.
Schau Saturn an, lahme Ameise, schau Salomon an!
Du wirst zu dem, was du erkennst!

Ein menschliches Wesen ist im Kern ein spirituelles Auge.
Haut und Knochen fallen weg.
Was immer du wirklich siehst, bist du.

# Derwisch

Du hast Beschreibungen gehört
vom Ozean der Nicht-Existenz.

Versuche ohne Unterlass, dich in diesen Ozean hineinzugeben.
Jeder Handwerksladen hat sein Fundament
auf dieser Leere.

Der Meister aller Meister
arbeitet im Nichts.

Je mehr Nichts in deine Arbeit kommt,
desto mehr ist Gott gegenwärtig.

Derwische spielen alles. Sie verlieren
und gewinnen das Andere, die Leere, die am Leben erhält.

Wir haben so viel geredet.
Denk daran, was wir nicht gesagt haben.

Und arbeite weiter. Streng dich an
in der Richtung wohin Gott zieht.

Trägheit und Verachtung sind nicht Hingabe.
Deine Anstrengungen werden Resultate bringen.

Du wirst die Flügel der göttlichen Anziehung beobachten,
die sich aus dem Nest erheben und auf dich zukommen!

Wenn der Tag anbricht, blase die Kerze aus.
Der Tagesanbruch ist jetzt in deinen Augen.

# BROT MACHEN

Es gab ein Fest. Der König war mit ganzem Herzen bei den Bechern.
Er sah einen Gelehrten vorbeigehen. «Bringt ihn herein,
und gebt ihm von dem feinen Wein.»

Die Diener rannten hinaus und brachten den Mann
an den Tisch des Königs, doch jener wollte nicht.
«Ich würde eher Gift trinke! Ich habe noch nie
Wein getrunken und werde es nie tun. Nehmt ihn weg!»

Er redete weiter in jenen lauten Verweigerungen
und störte so die Atmosphäre des Festes.
Manchmal ist es so am Tisch Gottes.
Jemand, der über ekstatische Liebe **gehört** hat,
sie aber selber nicht kennt, unterbricht das Bankett.

Wenn es einen geheimen Durchgang gäbe von seinem Ohr
zu seinem Gaumen, würde alles in ihm anders.
Eine Einweihung würde stattfinden.

So wie er jetzt ist, ist er nur Feuer und kein Licht,
alles nur Hülse und kein Kern.

Der König gab Befehl: «Becherträger, tu, was du tun musst!»
So handelt dein unsichtbarer Führer, der Schachmeister
dir gegenüber, jener, der immer gewinnt. Er gab dem Gelehrten
eine Ohrfeige und sagte: «Probier!» und «Nochmals!»

Der Becher wurde geleert, und der Intellektuelle begann zu singen
und lächerliche Witze zu erzählen. Er ging in den Garten hinaus,
schnippte mit den Fingern und wankte hin und her.
Bald musste er sich natürlich erleichtern.

Er ging hinaus, und dort, nahe bei der Latrine,
war eine wunderschöne Frau,
eine aus dem Harem des Königs.
Sein Mund blieb ihm offen!
Er wollte sie! Gerade dort, er wollte sie!
Und sie war nicht dagegen.

Sie fielen aufeinander zu, auf den Boden.
Du hast einen Bäcker gesehen, wie er Teig knetet.
Er knetet zuerst fein, dann stärker.

Er wirft den Teig auf das Brett.
Dieser seufzt weich unter seinen Händen.
Dann breitet er ihn aus und wallt ihn flach.

Dann presst er ihn zu einem Klumpen und rollt ihn wieder aus.
Dann tut er Wasser dazu und mischt ihn gut.
Dann Salz, und noch etwas Salz.

Dann formt er ihn fein in seine schliessliche Form
und lässt ihn in den Ofen gleiten, der schon heiss ist.

Erinnere dich ans Brot machen!
So gerät deine Begierde mit der Begehrten zusammen.

Und es ist nicht nur eine Metapher dafür,
dass ein Mann und eine Frau sich lieben.

Krieger in der Schlacht tun genau das gleiche.
Ein grosses gegenseitiges Umarmen geschieht immer
zwischen dem Unendlichen und dem, der stirbt,
zwischen Essenz und Zufall.

Jeder Sport hat unterschiedliche Regeln,
doch im Kern ist es das gleiche, und denk daran:

So wie du liebst, genauso wird Gott mit dir sein.

So verloren sich die beiden in ihrer sexuellen Trance.
Sie kümmerten sich nicht mehr ums Festen oder den Wein.
Ihren Augen waren geschlossen wie Schriftzüge,
die vollkommen zusammenpassen.

Der König ging den Gelehrten suchen, und als er sie
dort in der Umarmung sah, sagte er:

«He nun, wie es heisst: Ein guter König muss
seine Untertanen von seinem eigenen Tisch bedienen!»

Es gibt Freude, eine Freiheit wie Wein,
die das Gemüt vergehen lässt und den Geist wiederbelebt,
und es gibt die männliche Stärke, wie jene des Königs,
eine Vernunft, die die verwirrte Verlorenheit annimmt.

Doch jetzt meditiere über Standfestigkeit
und Klarheit, und lass jene die Flügel sein,
die hochheben und durch die himmlischen Sphären segeln.

# DER PFAD, DER SICH BEWEGT WIE DU...

Ein paar Kommentare zum Vers:
Wenn du auf dem Pfad zu gehen beginnst, erscheint der Pfad.
Wenn du aufhörst zu sein, erscheint dein wahres Wesen.

Zuleikha schloss jede Tür, doch Josef rüttelte immer weiter an den
Schlössern. Er vertraute und ging immer weiter vor und zurück,
und irgendwie kam er davon.

Dies ist die Art, wie du durchschlüpfen kannst,
in dein nicht-räumliches Zuhause.
Denk daran, wie du in die Welt kamst.
Kannst du erklären, wie dies war? Nein?
Auf die gleiche Art, wie du gekommen bist, wirst du auch gehen.

Du wanderst durch Landschaften in deinen Träumen.
Wie bist du dorthin gelangt?
Schliess deine Augen und gib dich auf
und finde dich wieder in der Stadt Gottes.

Doch suchst du immer noch Bewunderung. Du hast es gern,
wie die Kunden dich betrachten. Du sitzt immer noch gerne
an der Spitze der Versammlung. Du schliesst deine Augen
und siehst Leute applaudieren, so sicher wie eine Eule
ihre Augen schliesst und den Wald sieht.

Du lebst in einer Bewunderer-Welt, doch was gibst du deinen Bewun-
derern? Wenn du wirkliche spirituelle Geschenke zu geben hättest,
würdest du nicht an Kunden denken.

Da war einmal ein Mann, der sagte. «Ich bin ein Prophet.
In Wahrheit bin ich der äusserste Rand der Prophezeiung,
die durch die Zeit reist.

Die Leute scharten sich um ihn, fesselten ihn
und brachten ihn vor den König.
«Was für ein Recht hat dieser Mann zu sagen,
er lebe am Ort der Offenbarung?»

Der Mann begann zu reden: «Denkt daran, wie ein Säugling schläft
und **unbewusst** in die Wahrnehmung hinein wächst.
Propheten sind nicht so. Sie gehen wach von der Quelle
zum Auf und Ab der Sinne, die links-rechts-,vor-und-zurück-Welt.»

«Legt ihn auf die Folterbank» riefen sie.
Doch der König sah, dass der Mann dünn und zerbrechlich war.
Er sprach sanft. Freundlichkeit war sein Weg.

Der König zerstreute die Menge, setzte den Mann auf die Erde
und fragte ihn, wo er wohne. «Mein Heim ist der Friede Gottes,
doch bin ich zu dem Gerichtshof gekommen, an dem mich
niemand kennt. Ich fühle mich wie ein Fisch,
der versucht, auf Sand zu leben.»

Der König versuchte, ihn aus dem Zustand heraus zu witzeln.
«Aber warum musstest du denn ausgerechnet **heute**
solche Aussagen machen? Hast du etwas Komisches gegessen?»

«Ich kümmere mich nicht um Welt-Nahrung.
Ich koste vom Honig Gottes, doch was ist dies für die Leute?
Sie sind wie Bergfelsen. Sie spotten über mich
und wiederholen, was ich sage.

Wenn ich Neuigkeiten über Geld gebracht hätte,
oder einen Liebesbrief von einem Schatz,
dann hätten sie mich willkommen geheissen.
Doch nicht mit dem Propheten-Gerede.

Es ist wie eine Bandage, die mit Blut getränkt ist
und an einer Wunde auf dem Eselsrücken klebt.

Wer versucht, sie wegzunehmen, ist zwar hilfreich,
doch kriegt er auch Schläge dafür. Keiner hier will geheilt werden.
Zeig mir einen, der will, was ich habe!»

Der König wurde langsam neugierig auf den Mann.
«Was ist es denn **genau**, was Ihr,
der als Botschafter kommt, zu geben habt?»

«Was haben wir nicht! Doch nehmen wir mal
an, dass meine Inspiration nicht göttlich sei.
Doch wärst du trotzdem noch einverstanden,
dass meine Worte nicht weniger sind als das Schaffen einer Biene?»

Der **Qur´an** sagt: **Gott inspirierte die Bienen**.
Das Universum ist mit Honig erfüllt. Menschen leben davon
und entwickeln sich damit nach oben mit der gleichen,
doch viel tieferen Inspiration als die Biene.»

So verteidigte der Mann seinen Anspruch.
Du hast über den inspirierten Brunnen gelesen.
Trink von dem. Sei Gefährte jener,
deren Lippen nass sind von diesem Wasser.

Andere, sogar wenn dein Vater oder deine Mutter sie mögen,
sind deine Feinde. Verlasse sie, bevor sie dich umbringen!

Der pfadlose Pfad tut sich auf, wann immer du wirklich sagst:
**«Es gibt keine andere Wirklichkeit als Gott, nur Gott ist.»**

## VOGELGESANG AUS DEM INNEREN VOM EI

Manchmal wird ein Liebender ohnmächtig in der Gegenwart Gottes.
Dann beugt sich der Geliebte über ihn und flüstert ihm ins Ohr:
«Bettler, breite deinen Mantel aus. Ich will ihn dir mit Gold füllen.
Ich bin gekommen, um dein Bewusstsein zu schützen. Wo ist es hin?
Komm zurück in die Wahrnehmung!»

Die Ohnmacht kam, weil die Liebenden **so viel** wollen.
Ein Hühnchen lädt ein Kamel ins Hühnerhaus ein,
und das ganze Gebäude fällt zusammen.

Ein Kaninchen kuschelt sich mit geschlossenen Augen
in die Arme eines Löwen.

Es gibt ein **Übertreiben** im spirituellen Suchen,
das blanke Dummheit ist.
Lass diese Dummheit dein Lehrer sein!
Der Freund atmet in den hinein, der keinen Schnauf hat.

Eine tiefe Stille belebt das Hören und Reden
der beiden neu, die sich am Flussufer treffen.
Wie der Boden, der im Frühlingswind grün wird.
Wie ein Vogelgesang, der im Inneren vom Ei beginnt.

Wie das Universum angefangen hat,
erwacht der Liebende und
dreht sich in tanzender Freude,

dann kniet er nieder im Lobgesang.

# DAS UNBELEUCHTETE HAUS VON JONAS

Ein Kind weinte und lehnte seinen Kopf gegen den Sarg seines Vaters:
«Warum bringen sie dich in ein solch schreckliches Haus? Dort ist kein
Teppich, keine Lampe, kein Brot, kein Duft nach Essen. Keine Tür!

Keine Leiter, die auf das Dach führt, keine Nachbarn, die bei
Schwierigeiten aushelfen. Wir gaben dir jeweils so gerne einen Kuss!
Warum gehst du dorthin, wo wir nicht hinkönnen?»

Juhi und sein Vater gingen vorbei, der junge Juhi sagt:
«Es tönt, wie wenn sie den Leichnam in unser Haus herüber
bringen würden.» «Was meinst du damit?»
«All das, was der Kleine sagte, trifft auf unser Haus zu.»

So sehen die Leute manchmal die Zeichen nicht, die so nahe sind,
sogar ihre eigenen Häuser sind unbeleuchtet.
So wie du jetzt lebst, ist es wie im Grab zu leben.
Es ist nichts da von Gottes Licht, und keine Offenheit.

Erinnere dich daran, dass du lebendig bist!
Bleib nicht an diesem engen, würgenden Ort.
Lass deinen Josef aus dem Gefängnis.
Dein Jonas wurde schon lange genug gekocht im Wald drin.
Hast du vergessen, was Lobsingen ist?

Die Welt ist ein Ozean, der Körper ein Fisch. Jonas ist deine Seele,
die den Tagesanbruch nicht sehen kann, bis du Gott so lobst,
wie dies Jonas tat. Dann bist du befreit. Es gibt Geist-Fische überall
um dich herum, die herumspringen und versuchen,
dir zu helfen, doch du kannst sie nicht sehen.

Höre ihrem Singen zu, höre zu, wie sie lobsingen, und sei geduldig.
Geduld ist dein Pfad zur Herrlichkeit.

## Spuren am Nachthimmel

Sag mir, gibt es einen Segen, bei dem jemand nicht ausgeschlossen ist?
Was haben Esel und Kühe zu tun mit einem feinen Dessert?
Jede Seele braucht eine andere Nahrung, doch sei dir bewusst,
ob deine Nahrung zufällig oder gewohnheitsmässig ist, oder ob es
etwas ist, das deine wirkliche Natur nährt.

Es könnte sein, wie jene, die Staub essen, dass die Menschen
vergessen haben, was ihre ursprüngliche Nahrung ist.
Vielleicht füttern sie ihre Krankheiten. Doch weil sie krank
und benommen, bleich, stolpernd und schwach sind,
jagen sie das Spiel nicht, das Spuren am Nachthimmel hinterlässt.

Kosten ohne Silberbesteck und ohne Gaumen. Es kommt vom
Thron Gottes. Das andere ist nur Staub, der vom Teppich aufwirbelt.
Doch wir erhalten Nahrung von jedem, den wir antreffen.
Jeder Kontakt ist Nahrung. Ein Planet kommt einem anderen
zu nahe, und beide werden davon beeinflusst.

Ein Mann kommt mit einer Frau zusammen, und da kommt ein neues
Baby! Eisen trifft auf Stein, Funken. Der Regen sinkt in den Boden,
und süsses Gras erscheint. wenn grüne Dinge und Menschen sich
verbinden, gibt es Gelächter und Tanzen, und dies macht, dass gute
und grosszügige Dinge anfangen.

Wenn wir uns im Offenen bewegen, wird unser Appetit stärker.
Gerötete Gesichter kommen von der Sonne. Das Rosenrot ist die
schönste Farbe auf der Welt. Durch das Aufeinander-Zugehen wird
die potentielle Welt wirklich. Lebe an dem Ort des reinen Seins.

Kümmere dich nicht darum, ob dir zehn Tage Ruhm da gewährt sind!
Dreh dich mit mir um die Sonne, die niemals untergeht.
Das Werk kann nicht vom Arbeiter getrennt werden.

## DEINE FURCHT VOR ARBEIT

Wieder hören wir den Rhythmus zwischen
Liebendem und Geliebtem, die Synchronie von Trommeln,
Ballen von Zuckerrohr, die abgeladen werden!

Der Preis sinkt so stark, dass es fast gratis ist!
Steig aufs Minarett, und lade alle zu Wein und Dessert ein!
Sogar ein neun Jahre alter Essig erhält einen Anflug von Süsse.
Gewöhnliche Steine sind plötzlich mit Rubinadern durchzogen!

Alle Augen fühlen sich gesegnet in diesem Obstgarten, und zur
grossen Verwunderung sagen alle, was Hallaj sagte: «**Ich bin Gott!**»

Es war einmal ein Mann, der voller Angst in ein Haus rannte,
und seine Hände zitterten wie die eines alten Mannes.
«Was ist los?» «Draussen, sie treiben Esel zusammen,
um irgendeine Arbeit zu tun!» «Warum bist du so durcheinander?»
«Sie sind so grimmig in ihrer Absicht, dass sie vielleicht auch mich
schnappen!» Sei nicht wie jener Mann. Hör auf,
von deiner Furcht vor Arbeit und dem Unbequemen zu reden.

Es ist Zeit, von Rosen und Granatäpfeln zu sprechen, und vom Ozean,
wo Perlen geschaffen werden aus Sprache und Vision,
und von den unsichtbaren Leitern, die unterschiedlich sind
für jeden Mesnchen, die zum unendlichen Ort führen,

wo Bäume einander zumurmeln: «Was für ein feines Strecken
ist dies heute in der Luft!» Und die Nachtigall fragt die frischen
Fruchtknoten, die erscheinen, wenn die Blütenblätter herabfallen:
«Gebt uns etwas von dem, was ihr trinkt!»

Nimm teil an dem endlosen Freude-Reden, und vergiss das andere,
die Sorge, dass man dich vielleicht als dummen Esel betrachtet.

# Ein Scheich kommt in eine Taverne

Ein Scheich kommt in eine Taverne und sagt: «Ich habe gefastet.
Gebt mir etwas zu trinken. Das Bedürfnis erlaubt es mir.»

Sie bringen ihm einen Becher, und er sagt:
«Schau, dies ist kein Wein.»

Es ist feiner, goldener Honig.
Für so einen gibt es keine Becher voll von Form.
Es ist alles von der Quelle.

Licht, das auf Mist scheint, ist nicht Teil des Mistes.

Er sagte einem seiner Schüler:
«Geh Wein holen in den Keller.»
Und der Schüler ging und probierte davon.
Jedes Fass war voller Honig.

«Ihr Säufer, was **ist** das, was ihr getrunken habt?»
«Mein Scheich, alles ist süss geworden, weil du gekommen bist.
Mach, dass unsere Seelen gleich werden wie du.»

Die ganze Welt besteht aus Mist und Blut und Teufelspisse,
und doch: Wenn ein Selbstloser sie hält,
schmeckt sie wie süsses Quellwasser.

# WIEDER ZU WORTEN HINGEZOGEN

Husam, Zentrum meiner Liebe,
etwas in mir drin kochte.

Aus unserer Freundschaft sind die fünf Bücher
von Husam in die Welt gekreist.

Jetzt möchte ich dir das sechste bringen,
um den **Mathnawi** vollständig zu machen.

Lass Licht ausströmen in sechs Richtungen,
so dass jene, die die Umkreisung nicht gemacht haben,
sie um das Buch herum tun können.

Liebe hat nichts zu tun mit Reisen durch Zeit und Raum.
Liebe möchte nur spüren, zum Freund hingezogen zu sein.

Nachher kann man vielleicht Geheiminsse erzählen.
Ein Geheimnis bewegt sich auf den Kenner von Geheimnissen zu.

Skeptiker empfangen sie nicht. Was kümmern sich Liebende darum,
angenommen oder zurückgewiesen zu werden?

Es gibt Beredsamkeit jenseits von Worten, die wir brauchen,
doch wir werfen sie in die Luft, weil:

Erinnere dich daran,
dass Noah neunhundert Jahre lang
Reden gehalten hat, und erst dann
begann die Arche, Form anzunehmen!

# Lob denen, die Kummer haben und früh erwachen

Im Namen des Gnadenreichsten, Allbarmherzigen.

Dies ist die vierte Reise Richtung Heimat, dorthin,
wo die grosse Gunst uns erwartet. Wenn sie dies lesen,
werden Mystiker sehr glücklich sein, wie eine Wiese sich fühlt,
wenn sie den Donner hört, gute Neuigkeiten vom Regen
der kommt, wie müde Augen sich auf den Schlaf freuen.

Freude für den Geist, Gesundheit für den Körper. Da drin ist,
was echte Hingabe verlangt, Erfrischung, süsse Frucht,
reif genug für den eifrigsten Pflücker, Medizin,
detaillierte Hinweise, wie man zum Freund gelangen kann.

Alles Lob gehört Gott. Da ist ein Weg, die Verbindung in deiner
Seele zu erneuern, und dich von Schwierigkeiten zu erholen.

Das Lesen dieses Buches wird schmerzhaft sein für jene,
die sich von Gott getrennt fühlen.
Es wird die anderen dankbar machen.

Im Laderaum des Schiffes ist eine Ladung, die man
nicht in der Attraktiviät junger Frauen findet.
Da ist eine Belohnung für jene, die Gott lieben.

Ein Vollmond und ein Erbe, von dem du dachtest,
du hättest es verloren, werde dir jetzt zurück gegeben.
Mehr Hoffnung für den Hoffnungsvollen,
glückliche Funde für Fremde, wunderbare Dinge,
die bestimmt sind, getan zu werden.

Erwartung nach einer Depression, Ausdehnung
nach dem Zusammenziehen. Die Sonne kommt hervor,
und das Licht ist das, was wir in dem Buch unseren spirituellen
Nachkommmen geben. Unsere Dankbarkeit für Gott hält sie
bei uns, und sie bringt noch mehr dazu.

Wie der andalusische Dichter Adi al-Riga sagt:

«Ich war schläfrig
und wurde von einer kühlenden Brise getröstet;
plötzlich sang aus dem Dickicht eine graue Taube,
und sie seufzte vor Sehnsucht,
sie erinnerte mich an meine eigene Sehnsucht.

Ich war so lange von meiner Seele weg,
welch ein Langschläfer!
Doch das Klagelied jener Taube weckte mich
und brachte mich zum Weinen.

Lob allen, die Kummer haben
und früh erwachen!»

Ein paar gehen zuerst, und andere kommen viel später.
Gott segnet beide und alle in der Linie und ersetzt,
was aufgebraucht wurde und sorgt für die, die den Boden
des Hilfreichseins bearbeiten, und segnet Mohammed und Jesus
und jeden anderen Botschafter und Propheten.

Amen

Möge der Gott aller Geschöpfe Euch segnen!

## SCHNEE UND DIE STIMME

Nachdem Bestami gestorben war, fügte es sich auch so,
wie er es vorausgesagt hatte, dass Buʹl-Hasan Scheich
der Gemeinschaft wurde, und jeden Tag ging er zum Grab
von Bestami, um Rat zu holen.

Bestami hatte Buʹl-Hasan dies in einem Traum selber gesagt.
An jedem Morgengrauen ging er, mit dem Gesicht
dem Grab zugewandt, bis zur Morgenmitte. Entweder
erschien der Geist von Bestami und sprach zu ihm,
oder die Frage, die er hatte, wurde ihm in der Stille beantwortet.

Doch eines Tages fiel ein tiefer Schnee.
Die Gräber waren überhäuft davon und nicht unterscheidbar.

Buʹl-Hasan fühlte sich verloren,
doch dann hörte er die Stimme des Scheichs.

«Die Welt ist aus Schnee gemacht. Er fällt herab und schmilzt,
und fällt wieder herunter. Kümmere dich nicht darum.
Komm in die Richtung meiner Stimme,
geh immer in diese Richtung.»

Und von diesem Tag an erfuhr Buʹl-Hasan
den erleuchteten Zustand,
von dem er zuvor nur gehört oder gelesen hatte.

## Liebe zu einer bestimmten Arbeit

Reise ist für die einen so erfrischend
wie das Zuhausebleiben dies für andere ist.

Einsamkeit an einem Ort auf dem Berg
erfüllt den einen mit Gesellschaft
und den anderen mit Todeserschöpfung.

Der eine liebt es, für die Arbeiten
einer Gemeinschaft verantwortlich zu sein.
Der andere liebt die verschiedenen Weisen,
wie heisses Eisen mit dem Hammer geformt werden kann.

Jeder erhielt einen starken Wunsch
für eine bestimmte Arbeit geschenkt.
Eine **Liebe** für die Bewegungen,
und alle Bewegungen sind Liebe.

Die Art, wie Stöcke und dürres Gras
und Blätter sich im Wind bewegen,

und mit den Richtungen von Regen
und Pfützenwasser auf dem Boden
sind die Bewegungen alle eine
Gefolgschaft der Liebe,
die ihnen geschenkt wurde.

## DAS TALENT DES WIEDEHOPFS

Jedesmal, wenn in der Landschaft ein Pavillon aufgestellt wurde
für Salomon, kamen die Vögel, um ihm die Ehre zu erweisen
und mit ihm zu sprechen. Salomon verstand die Vogelsprache.

In seiner Gegenwart gab es kein konfuses Zwitschern.
Jede Art sprach ihren Ruf deutlich aus.
Es ist eine solche Freude, verstanden zu werden!
Wenn jemand unter Leuten ist, denen er nicht trauen kann,
ist es wie angebunden zu sein.

Und ich meine nicht kulturelle Verwandtschaft.
Es gibt Inder und Türken, die die gleiche Sprache sprechen.
Es gibt Türken, die einander nicht verstehen.
Ich spreche von Jenen, die im Inneren der einen Liebe zusammen sind.
So stellten die Vögel Salomon Fragen, und erzählten ihm
von ihren besonderen Talenten. Und alle hofften,
dass er sie bäte, in seiner Gegenwart zu bleiben.

Der Wiedehopf war dran: «Mein König, ich habe nur ein Talent,
doch hoffe ich, das es dir hilfreich sein kann.» «Sag´s!»
«Wenn ich zum höchsten Punkt meiner Fähigkeiten fliege
und hinunterschaue, kann ich durch die Erde hindurch einen
Wassertisch sehen. Ich kann sehen, ob er trüb sei vom Schlamm,
oder klar, wenn er über Steine fliesst. Ich kann sehen, wo die Quellen
sind, und wo gute Brunnen gegraben werden können.

Salomon antwortete: «Du wirst mir ein guter Gefährte sein
auf meinen Expeditionen in die Wildnis!»

Die eifersüchtige Krähe hielt dies nicht aus. Sie schrie:
«Wenn der Wiedehopf so gut sehen kann,  weshalb sah er dann
die Schlinge nicht, in der er einmal gefangen war?»

«Gute Frage», meinte Salomon dazu.
«Was meinst du dazu, Wiedehopf?»

«Mein Talent, Wasser zu sehen, ist ein wirkliches Talent.
Und es ist auch wahr, dass ich für Dinge blind bin,
die mich gefangen hielten.

Es gibt einen Willen, der über mein Wissen hinausgeht,
der beides, meine Blindheit und meine Hellsicht,
verursacht. Die Krähe will dies nicht anerkennen.»

## Eine Kerze, die gerade abgebrannt ist

Eine Kerze ist dazu bestimmt,
ganz Flamme zu werden.
Im Augenblick des Auslöschens
hat sie keinen Schatten.

Sie ist nur eine Zunge von Licht
die eine Zuflucht beschreibt.

Betrachte das letzte Stück Kerzenstummel
als jemand, der endlich frei ist
von Tugend und Laster,

von Stolz und der Scham,
die wir von denen fordern.

# DER KUNSTWETTBEWERB

Da war eimal ein König, der sich für Musik, Tanz, Drama
und höhere Bildung interessierte. Er sagte zu seinem Minister:
«Ich möchte gute Musik hören und Tanz und dramatische
Aufführungen sehen. Wie können wir dies arrangieren?»

«Mit Verlaub, Majestät, **alle** Menschen in diesem Land
sind ausgewiesene Musiker, Schauspieler und Tänzer;
wenn wir daher eine Gruppe einladen, wird dies sicher eine
andere beleidigen. Wir müssen darum ankündigen, dass wir
für die nächsten sechs Monate einen Wettbewerb ausrufen,
und dass die Gewinner vom König einen Preis erhalten werden.»

So wurde eine grosse Bühne gebaut auf einem offenen Feld
von tausend Aren. Der Wettbewerb wurde ausgeschrieben,
und alle, bis hinunter zum Alter von sechs Monaten,
begannen, sich in Musik und Schauspiel zu üben.

Die ganze Bevölkerung unterbrach alle anderen Arbeiten!
Es gab fast nichts zu essen. Alle wurden kränklich und müde.
Das Gesicht jedes einzelnen verlor seine lebendige Ausstrahlung,
doch übten sie weiter, um den Preis zu gewinnen.

Der Tag kam heran.
Der ganze weite Raum füllte sich mit Künstlern.
Da war ein Pavillon für den König und darunter eine kleinere
Bühne, auf der etwa fünfundzwanzig Leute Platz hatten.
Darum herum sammelte sich die ganze Bevölkerung des Landes.
Kinder, die erst drei Jahre alt waren,
Menschen an der Schwelle zum Tod, alle waren da.

Der König befahl dem Minister,
das Muschelhorn zu blasen,

die Zuschauer sollten sich auf der einen
und die Wettkämpfer auf der anderen Seite aufstellen.

So geschah es, doch es gab keine Zuhörer,
alle waren Wettkämpfer!
Der König wandte sich an den Wesir, der neben ihm sass:
«Was soll ich tun?» «Lasst sie alle tanzen, singen und schauspielern,
alle zur gleichen Zeit, und dann entscheidet, wer der Beste ist!»

So ging es los, und der Lärm war fürchterlich.
Man konnte keine Stimme von der anderen unterscheiden.
Es war, wie wenn Tausende von Eseln gemeinsam brüllten
und Füchse heulten.

«Nun kann ich es sehen!» sagte der König.
«Was?» fragte der Wesir.
«Dies ist die Essenz von dem,
was aus dem Schauspielern, Musizieren und Tanzen geworden ist.
Wie soll ich dies nur beurteilen können!»

«Sag den Künstlern, sie sollen sich selber beurteilen.
Sag ihnen, sie sollen die besten Schauspieler, Musiker und Tänzer
aussuchen und sie nach vorn schicken.»

Und so tat es der König, und ein Kampf brach aus,
er hörte nie auf. Die Bühne wurde zum Schlachtfeld,
und irgendwann blieb niemand mehr lebendig zurück.

Der Wesir sagte: «Die Körper jener, die ihre Weisheit verloren,
sind der einzige Preis, der ihnen zukommt.
Die Geier sind die Gewinner!»

Auf gleiche Weise schuf Gott die Welt,
und jeder kam mit einer Milliarde verschiedener Kostüme
und hypnotischen Projektionen von Illusionen,

und das Geschehen wurde so chaotisch,
dekadent und gewalttätig,
mit all den verschiedenen Religionen,
den komplizierten philosophischen Systemen und
Titeln des Kunst-Status, die miteinander wettweiferten,
alle begannen aggressiv zu schubsen, um Eindruck zu schinden.

Da war niemand anders da als der König
als einzigem Zuhörer.
So konnte kein Preis verliehen werden.
Er behielt ihn **in seinem Inneren.**

Es gibt das Königreich Gottes zu gewinnen,
und dies ist in deinem Inneren.

Es ist so selten, dass jemand kommt
und gemeinsam mit dem König betrachtet,
und so den Preis im Inneren des Königs gewinnt.

## Schieb dein Ja nicht auf

Von Mohammed sagt man, dass er gesagt habe:
«Wer immer zu Gott gehört, zu dem gehört Gott.»

Unser schwaches, unregelmässiges Atmen,
die Persönlichkeiten, die zerfliessen,
sind aus dem ewigen **HUUU** gekommen, das sich nie wandelt!

Ein Tropfen Wasser fürchtete sich die ganze Zeit,
dass er in der Luft aufgelöst
oder von der Erde aufgesaugt werde.

Er möchte nicht verbraucht werden, so,
doch wenn er loslässt und in den Ozean hineinfällt,
wo er hergekommen ist, findet er Schutz
vor den anderen Formen des Todes.

Seine Tropfenform ist vergangen, doch seine Wasseressenz
ist weit und unverletzlich geworden.

Hört mir zu, Freunde, weil ihr Tropfen seid,
und ihr könnt euch beglückwünschen, dass ihr so seid.

Wer könnte glücklicher sein als jener,
zu dem der Ozean kommt,
um einem Tropfen die Ehre zu erweisen?

Um Gotteswillen,
schiebt euer **Ja** nicht auf!
Gebt auf, und werdet Gebende!